August Weismann

Über Bau- und Lebenserscheinungen von Leptodora hyalina

August Weismann

Über Bau- und Lebenserscheinungen von Leptodora hyalina

ISBN/EAN: 9783743616110

Hergestellt in Europa, USA, Kanada, Australien, Japan

Cover: Foto ©ninafisch / pixelio.de

Manufactured and distributed by brebook publishing software (www.brebook.com)

August Weismann

Über Bau- und Lebenserscheinungen von Leptodora hyalina

ÜBER

BAU UND LEBENSERSCHEINUNGEN

VON

LEPTODORA HYALINA.

VON

DR. AUGUST WEISMANN,

PROF. IN FREIBURG I. BR.

MIT 6 LITHOGR. TAFELN.

LEIPZIG,

VERLAG VON WILHELM ENGELMANN.

1874.

Inhaltsverzeichniss.

	Seite
Einleitung	1
I. Allgemeine Körpergestalt	3
II. Haut und Musculatur	9
III. Nervensystem	11
IV. Nahrungskanal (Verdauung, Darmathmung)	22
V. Athemwerkzeuge	29
VI. Fettkörper	30
VII. Circulationsapparat	34
VIII. Excretionsorgan (Schalendrüse)	37
IX. Fortpflanzungsapparat	49
Weibliche Geschlechtsdrüsen	49
Männliche Geschlechtsdrüsen	55
X. Vorkommen, Lebensverhältnisse, phylogenetische Beziehungen	56
Nachtrag	61
Erklärung der Abbildungen	63

Als ich im Sommer 1873 längere Zeit am Bodensee zubrachte, suchte ich durch Fischen an der Oberfläche und in der Tiefe seine Bewohner kennen zu lernen. Bei dieser Gelegenheit erhielt ich auch eine Daphnide, welche mir sowohl durch ihren eigenthümlichen, von allen Verwandten weit abweichenden Bau, wie durch ihre bedeutende Körpergrösse verbunden mit einer ungewöhnlichen Durchsichtigkeit sehr auffiel.

Ich hielt das Thier für unbekannt, da einmal in dem vortrefflichen Werke Leydig's über Daphniden, dem einzigen Buche, das mir zur Hand war, Nichts von ihm zu finden stand, und da ich andererseits glaubte, jeder Zoologe, dem etwa schon vor mir dieses Thier begegnet sein sollte, würde nicht gesäumt haben, ein in morphologischer, wie physiologischer Beziehung so äusserst interessantes und günstiges Object gründlich auszubeuten und eine solche Untersuchung hätte mir nicht entgehen können. So hielt ich es denn der Mühe nicht unwerth, den Bau und die Lebensvorgänge des Thieres soweit möglich genau zu beobachten und erfuhr erst später, als meine Untersuchungen aus äusseren Gründen bereits ihrem Abschluss nahe waren, dass die vermeintlich neue Art bereits vor zwölf Jahren zum ersten Male in den

Katalog der Wissenschaft eingetragen worden und seitdem noch zwei Mal[1], Gegenstand eingehender Untersuchung gewesen war.

Wenn ich nun dennoch meine Beobachtungen veröffentliche, so geschieht es einmal, weil bekanntlich kein Stoff je erschöpft wird und weil ich glaube, in manchen nicht unwichtigen Puncten meine Vorgänger überflügelt zu haben, dann aber, weil in der That das merkwürdige Thierchen, trotz verschiedener Publicationen über dasselbe doch noch keineswegs die Beachtung gefunden hat, welche es verdient, ja sogar den meisten Zoologen — Deutschlands wenigstens — ganz unbekannt geblieben ist. Die Erklärung dieser Thatsache liegt einfach darin, dass von den drei Abhandlungen über Leptodora die eine in dänischer, die andere in schwedischer, die dritte in russischer Sprache geschrieben und alle drei in wenig zugänglichen Zeitschriften dieser Länder abgedruckt sind.

Erst ganz kürzlich gab GERSTÄCKER in einem der neuesten Hefte seiner vortrefflichen Bearbeitung der Arthropoden (BRONN, Klassen und Ordnungen des Thierreichs) auch die Leptodora in Abbildungen nach LILLJEBORG wieder und wird dadurch zur Verbreitung ihrer Kenntniss erheblich beitragen. Doch sind die Abbildungen LILLJEBORG's vom rein systematischen Standpuncte entworfen und obgleich in den sogenannten systematischen Merkmalen meist genau, doch weit entfernt, ein vollständiges Bild von dem Bau des interessanten Thieres zu geben, offenbar auch nicht nach dem lebenden Thiere entworfen, sondern nach Präparaten. Eine Monographie darf also wohl hoffen, als nicht ganz überflüssig betrachtet zu werden.

LILLJEBORG, der verdienstvolle schwedische Naturforscher hat das Thier in die Wissenschaft eingeführt[2]. Er fand dasselbe in schwedischen Seeen und beschrieb es unter dem Namen Leptodora hyalina in einem schwedisch geschriebenen, aber mit ausführlicher

---

1) Als das Manuscript bereits druckfertig war, erhielt ich durch die Güte meines verehrten Collegen, Hrn. VON SIEBOLD Kunde von einer soeben erschienenen vierten Abhandlung über Leptodora. — SARS giebt in dem ersten Heft der »Förhandlinger i Videnskabs — Selskabet i Christiania« vom Jahre 1873 eine Mittheilung über die Entwicklung der Wintereier, welche von hohem Interesse ist und unten bei Gelegenheit der Fortpflanzung näher besprochen werden soll.

2) Gesehen wurde dasselbe zuerst von Hrn. Dr. FOCKE. Nach v. SIEBOLD's Zeugniss kann kein Zweifel sein, dass dieser Herr die Leptodora bereits im Jahre 1844 im Bremer Stadtgraben aufgefunden, dieselbe auch damals auf der Naturforscherversammlung in Bremen vorgezeigt und wegen ihrer grossen Durchsichtigkeit zu physiologischen Untersuchungen empfohlen hat. Siehe: v. SIEBOLD, Beiträge zur Parthenogenesis der Arthropoden, Leipzig 1871, p. 221.

lateinischer Diagnose versehenen Aufsatz in den Verhandlungen der schwedischen Akademie der Wissenschaften vom Jahre 1860[1].

Lilljeborg hatte indessen nur Weibchen beobachtet und es war P. E. Müller vorbehalten, im Jahre 1867 die Männchen dazu aufzufinden und zwar sowohl in dänischen Seeen, als im Genfer- und im Bodensee. Dieser feine Beobachter beschrieb beide Geschlechter in seinen »Danmarks Cladocera« und fügte dann im folgenden Jahr in seinem »Bidrag til Cladocerners Forplantingshistorie« eine sehr eingehende Schilderung der interessanten Entwicklung des Eies im Eierstock, sowie der Hauptstadien der embryologischen Entwicklung der Sommereier hinzu.

Im selben Jahre 1868, erschien eine russische Abhandlung von Nicolaus Wagner, welcher, ohne von Lilljeborg's Fund zu wissen, die Leptodora in einem See bei Kasan beobachtete und als »Hyalosoma Dux« beschrieb. Obgleich diese Abhandlung ziemlich ausführlich ist — sie enthält 22 Quartseiten Text und 4 grosse Tafeln, auch auf den histologischen Bau näher eingeht, so kann man doch nicht sagen, dass die Kenntniss des Thieres durch sie wesentlich gefördert worden wäre. Allerdings habe ich auf die Lectüre des russischen Textes verzichten müssen, wie ich auch von den erwähnten Schriften Müller's aus Unkenntniss der dänischen Sprache nur die ziemlich ausführliche lateinische »Repetitio brevis« benutzen konnte, allein aus den Abbildungen und ihrer Erklärung lässt sich leicht erkennen, dass der Verfasser die Genauigkeit seiner Vorgänger nicht erreicht, bald nicht so viel gesehen hat, als diese, bald aber mehr, als überhaupt vorhanden ist.

Ich gebe nun in Folgendem meine Beobachtungen, die sich nur auf den Bau und einen Theil der Lebensvorgänge, nicht auch auf Entwickelung beziehen. Vielleicht bin ich später im Stande, auch die Entwickelung des Thieres durchzuarbeiten, wozu mir im vorigen Sommer das Material vollständig fehlte.

Schliesslich bleibt mir noch übrig, meinem Schwager, Dr. Wiedersheim, d. Z. Prosector in Würzburg herzlichen Dank zu sagen für die vielfache Hülfe, welche er mir bei der Untersuchung geleistet hat, besonders durch Entwerfen zahlreicher Zeichnungen.

I. Allgemeine Körpergestalt.

An der lateinischen Diagnose, welche P. E. Müller von der Gattung Leptodora giebt, finde ich nur Wenig zu ändern; ich lasse sie hier folgen, um später einige Bemerkungen daran anzuknüpfen.

[1]: Beskrifning öfver tvenne märkliga Crustaceer af ordningen Cladocera af W. Lilljeborg. A. a. O. p. 265.

Caput valde productum, testa ephippiformi, nec apicem capitis nec testam corporis attingente praeditum. Testa corporis feminae adultae postice valvulas matricem efficientes gerens. Cauda et articuli ultimi abdominis valde elongata. Oculus magnus. Antennae feminae parvae, maris longissimae. Copae stirpe valida, ramis setas ciliatas numerosas gerentibus. Pedes antice vergentes longitudine ad posteriorem decrescentes; primum par appendice interna parva, externa nulla; paria sequentia simplicia. Setae caudales nullae. Oesophagus longissimus; ventriculus in ultima cauda situs.

Was das Aussehen der Leptodora so fremdartig und ungewöhnlich macht ist die ungemein starke Streckung des Körpers in die Länge verbunden mit einer sehr scharf markirten Gliederung desselben. Alle anderen Daphnoiden zeigen gerade das Umgekehrte: eine starke Verkürzung in der Längsachse mit gleichzeitiger Verwischung sowohl der grossen Segmentcomplexe (Kopf, Brust, Bauch) als auch der einzelnen Segmentgrenzen.

Am vollständigsten ist diese Verwischung der Segmentgrenzen und Körperabschnitte wohl bei Bosmina vorhanden, wo ja selbst das erste Gliedmassenpaar unbeweglich dem Kopf angewachsen ist, aber auch bei der Gattung Daphnia ist weder eine Gliederung des Abdomen, noch auch eine Marke zwischen diesem und dem Thorax vorhanden und selbst die scharfe Grenzlinie zwischen Kopf und Thorax fehlt bei vielen Arten.

Bei Leptodora setzen sich deutlich drei Abschnitte des Körpers als Kopf, Thorax und Abdomen von einander ab.

Der Kopf zeigt dieselbe Tendenz zur Streckung wie der ganze Körper, er läuft nach vorn in einen geraden Schnabel aus, in dessen abgerundeter Spitze das Auge liegt und ähnelt von oben in der Form einem Krokodilschädel. Die »sattelförmige Schale« des Kopfes, von welcher Müller's Diagnose spricht, ist nichts Anderes als »die sattelförmige Linie«, welche Leydig bei den nächsten Verwandten der Leptodora, bei Bythotrephes und Polyphemus beschrieben hat; den Namen einer »Schale« verdient das Gebilde nicht, wenn man unter einer solchen eine chitinisirte Hautduplicatur versteht, es ist eine schildförmige oder sattelförmige Verdickung des Hautpanzers. Der hintere Abschnitt des Kopfes ist nach oben halbkugelig aufgetrieben, diese Auftreibung — das »Gewölbe« Leydig's wird von dem sattelförmigen Schild bedeckt, doch nicht vollständig, da die hintere Grenze des Schildes quer vor den Ruderantennen über das Gewölbe hinzieht.

Was dieses Kopfschild (Fig. 1 und 3 *Ksch*) etwa für eine physiologische Bedeutung hat, ist mir unbekannt, wenn es nicht blos als Verstärkung des Hautpanzers zu betrachten ist. Die Hypoderm's unter ihm zeigt eine grössere Dicke als anderswo und enthält — wenn ich nicht irre — zahlreiche einzellige Hautdrüsen, wie solche von Leydig bereits für mehrere Arten von Daphnia nachgewiesen wurden. Bei Betrachtung der Hautfläche dieser Stelle sah ich nämlich bei Thieren, welche in Conserving Liquor gelegen hatten, viele kleine, regelmässig gestellte Puncte auf der Haut, die wohl nichts Anderes sein konnten, als feine Hautporen. Die Drüsen selbst liessen sich nicht mit Sicherheit erkennen und frische Thiere fehlten mir zu dieser Zeit bereits.

»Tastbärchen«, wie sie N. Wagner in grosser Menge auf dem Kopfschild abbildet, sogar mit dazu hinstrahlenden zahlreichen Nervenfäden, sind in Wahrheit bei meiner Leptodora nicht vorhanden. Sollten bei der Leptodora von Kasan wirklich kleine Borsten auf dem Kopfschild stehen, so würde sie eine um so interessantere Variation von unserer westeuropäischen Art sein, als alles Uebrige sonst völlig gleich ist bei beiderlei Individuen, — soweit man nämlich aus den etwas unvollkommenen Zeichnungen schliessen kann, welche der russischen Abhandlung beigegeben sind. Ich glaube indessen fast, dass ein Irrthum mit untergelaufen ist, und dass Schmarozerpilze, wie sie nicht selten auf der Leptodora vorkommen und stets auf dem Kopfschild oder der Schale zuerst sich ansiedeln, für Borsten des Thieres genommen wurden. Tasthaare sind es in keinem Fall, da man nicht annehmen kann, dass unsere Leptodora der Tastorgane vollständig entbehre an einer Stelle, wo die von Kasan mehrere Hundert besitzt.

Uebrigens giebt auch Lilljeborg[1]) an, dass das sattelförmige Kopfschild der Leptodora »punctirt« sei, was ich an lebenden Thieren niemals gesehen habe. Wahrscheinlich bezieht sich diese Angabe auf conservirte Präparate und die »feine Punctirung« ist nichts Anderes, als die oben als Drüsenöffnungen gedeuteten Puncte.

Die hintere Grenze des Kopfes markirt sich sehr scharf als eine tiefe Einschnürung (Fig. 3).

Gliedmassen des Kopfes kenne ich nur drei Paare: zwei Antennenpaare und die Mandibeln.

Die vorderen Antennen sind bei beiden Geschlechtern nur eingliedrig, beim Weib sehr kurz und nur mit einem Büschel von Riechhaaren besetzt, beim Manne mehr als zehn Mal so lang und mit etwa siebzig Riechhaaren besetzt. Auch bei Letzterem dienen sie nicht als Klammerorgane, sondern sind nur als der Sitz eines Sinnesorgans zu betrachten.

Es darf dies schon aus dem Mangel von Haken geschlossen werden, wie solche bei den Männchen vieler Daphnia-Arten sich finden, ausge-

[1]) A. a. O. p. 265; siehe auch die Taf. VII, Fig. 1, 2 und 22.

zeichnet z. B. bei Daphnia brachiata (siehe bei LEYDIG Taf. V, Fig. 11 und 12); noch klarer aber geht es aus dem Fehlen besonderer Antennen-Muskeln hervor, die z. B. bei Daphnia brachiata sogar in beiden Geschlechtern vorhanden sind. In diesem Fehlen besonderer Muskeln darf man wohl den ersten Schritt zur Verwachsung der Antennen mit dem Kopfskelet — also zur gänzlichen Unbeweglichkeit sehen, wie sie die Gattung Bosmina aufweist.

Die Ruderantennen entspringen ganz hinten am Kopf, bestehen aus einem sehr starken und langen Schaft und zwei Ruderästen, deren vier Glieder an der Medianfläche mit einer Reihe von etwa 30 langen, feingefiederten Schwimmborsten besetzt sind. Der laterale Ruderast steht dem andern an Länge etwas nach.

Die Mandibeln sind eingliedrige, gekrümmte Haken von bedeutender Grösse und Stärke und mit scharfer und feiner Spitze. Sie stehen senkrecht, articuliren sehr hoch oben, so dass in der Ruhe die Spitzen nicht aus dem Vestibulum des Mundes hervorsehen.

Dieses Vestibulum wird von der Ober- und Unterlippe gebildet, die beide für die Ernährung des Thieres sehr wichtige Organe sind und beide eine bedeutende Ausbildung erlangt haben. Morphologisch sind sie Hautduplicaturen, denn auch die Unterlippe kann nicht als Gliedmassen aufgefasst werden, wie aus den embryologischen Daten hervorgeht, welche wir MÜLLER verdanken. Beide sollen daher bei Darstellung des Ernährungsapparates näher beschrieben werden.

Der Thorax (Fig. 1 und 3 Th) besitzt nach den Abbildungen MÜLLER's beim Embryo eine sehr einfache, cylindrische Gestalt und die sechs Fusspaare entspringen an seiner untern Fläche in horizontaler Reihe hintereinander. Bei der frei umherschwimmenden Leptodora — auch bei noch sehr jungen Exemplaren — hat derselbe eine von der Seite gesehen dreieckige Gestalt, von oben erscheint er sowohl kürzer, als schmäler wie der Kopf, und die sechs Beinpaare entspringen vertical übereinander an seiner nach vorne gekehrten Fläche (Fig. 3, I—VI).

Die Beine bewegen sich dadurch vorwiegend in der Horizontalebene und indem sie von oben nach unten an Länge bedeutend abnehmen umgeben sie den Mund wie ein Maulkorb, eine ausgezeichnete Einrichtung zum Festhalten der einmal ergriffenen Nahrung.

Die Beine sind alle nur zum Packen, nicht zum Rudern oder Springen eingerichtet.

Das erste Paar ist bei weitem das grösste, übertrifft das zweite um mehr als das Doppelte an Länge und muss als das eigentliche Fanginstrument betrachtet werden, es wird immer gerade nach vorn und etwas nach innen gerichtet getragen und überragt dabei den Kopf bedeutend, etwa um dessen eigne Länge. Wie die folgenden vier Beinpaare besteht es aus vier Gliedern, welche alle an ihrer medianen Fläche mit doppelter Borstenreihe besetzt sind, das erste Glied mit kurzen geraden, die folgenden mit langen starken, etwas gekrümmten und selbst wieder mit einer doppelten Reihe von geraden, scharfen Dornen besetzten Fangborsten. Beiden Geschlechtern kommt ein an der innern Seite des Beines sitzender kleiner, eingliedriger Anhang zu, nur dem Manne aber ein am Ende des dritten Gliedes angebrachter, durch besondere Muskeln beweglicher mit kurzen Dornen besetzter dicker Haken. Beide Bildungen wurden schon von MÜLLER beschrieben und abgebildet; die letztere ist neben den verlängerten vordern Antennen der einzige secundäre Geschlechtsunterschied des Männchens.

Die Beborstung der drei folgenden Beinpaare ist ganz ähnlich, nur schwächer, bei allen sind die Borsten schräg nach innen und rückwärts gerichtet bei natürlicher nämlich im Bogen nach abwärts gerichteter Stellung der Beine. Nur die beiden letzten und kleinsten Beine tragen ihre relativ schwachen und nicht bedornten Borsten auf der nach vorn gerichteten Kante. Da sie sich im Gelenk von unten nach oben bewegen, so schliessen sie also von unten her den oben erwähnten Maulkorb des Thieres und verhindern das Entweichen der Beute nach unten.

Im Thorax liegt das Bauchmark, das Herz und der grösste Theil der Schalendrüse; von seinem Hinterrande entspringt oben als starke Hautduplicatur die S c h a l e [1]).

Diese tritt bei den Männchen und den jungen Weibchen nur als ein kurzer, in der Seitenansicht konischer Zipfel hervor, der in der Rückenansicht als ein beinah halbkreisförmiger Lappen sich ausweist. Beim ausgewachsenen Weibchen erscheint die Schale (MÜLLER's »valvulae matricem efficientes«) als eine eiförmige Muschel, deren Hinterrand gerade noch die auf dem Anfang des dritten Abdominalsegments gelegenen Oeffnungen der Oviducte übergreifen kann, in der Regel aber beim Schwimmen vom Körper absteht.

Es ist dies auch dann noch der Fall, wenn bereits Eier im

---

[1]) Nach MÜLLER entsteht die Schale als Hautduplicatur vom M a n d i b u l a r - S e g m e n t aus, verwächst aber später mit der obern Thoraxwand, soweit sie derselben aufliegt. Diese Verwachsung ist indessen so vollständig, dass ich auch an jungen Individuen niemals eine Andeutung der Verwachsungsränder wahrgenommen habe. Die Schale scheint vielmehr als Duplicatur der Haut vom Hinterrande des Thorax zu entspringen und so mag es gerechtfertigt erscheinen, wenn ich nur diesen frei vom Körper abstehenden Theil als Schale bezeichne, während MÜLLER die ganze obere Thoraxwand als Schale bezeichnet.

Schalenraum liegen, die dann vor dem Herausfallen durch helle feine Fäden geschützt werden. So fand ich es stets in den Monaten September und October, gegen Ende November aber fing ich mehrere grosse Weibchen, deren Schale in eine geschlossene Blase umgewandelt war. Statt Eier oder Embryonen fand sich nur eine schleimige, fast gallertige Flüssigkeit als Inhalt — vermuthlich der Rest abgestorbener Embryonen. Schon an der offnen muschelförmigen Schale biegt sich der Hinterrand in einem spitzen Zipfel nach vorn um, so dass eine kleine Tasche entsteht, ich vermuthe dass dieser Zipfel später nach vorn weiter wächst und so zuletzt den Brutraum von unten her schliesst, wie ich ihn auch bei Bythotrephes vollständig geschlossen finde, entsprechend den Angaben von P. E. Müller und Lilljeborg.

Ich bin indessen nie so glücklich gewesen, Leptodoren mit weiter entwickelten Eiern oder mit reifen Embryonen zu fangen.

Der dritte Leibesabschnitt: das Abdomen zählt vier Segmente, nicht fünf, wie Lilljeborg angiebt und zwei Mal auch abbildet, während seine Fig. 2 ganz richtig nur vier Segmente aufweist. Von diesen ist das erste, dritte und vierte sehr langgestreckt, das zweite aber ganz kurz, alle von einfacher Cylindergestalt. Der Hinterleib ist weit geräumiger, als er für die Beherbergung der in ihm gelegenen Organe zu sein brauchte, offenbar besitzt er nebenbei noch den Werth einer Balancirstange, indem er dem Thier die Horizontallage gestattet. Als Bewegungsorgan wird er nur ausnahmsweise gebraucht und auch dann der schwachen Musculatur entsprechend mit geringer Energie. Am Hinterende des Thieres stehen zwei schwach gekrümmte, mässig lange Krallen, die Homologa der in der Familie der Daphnidae beinah niemals fehlenden »Schwanzkrallen«. Geräth das Thier — was im freien See selten vorkommen mag — zwischen Algen oder andere Hindernisse — so gebraucht es diese Krallen auch ganz wie die Daphnien, es krümmt die Spitze des Hinterleibs abwärts und nach vorn, hakt sich fest und zieht durch Streckung den Körper nach.

Durch die drei vorderen Abdominal-Segmente erstreckt sich der Oesophagus, denn der gesammte verdauende Theil des Nahrungskanals liegt im hintersten Körperabschnitt. Das zweite Segment darf als Sexualsegment bezeichnet werden, obwohl Eierstöcke und Hoden nach vorn und hinten etwas über dasselbe hinausgreifen. Sonst finden sich ausser einer schwachen Musculatur und dem meistens unsichtbaren Fettkörper keine Organe im Abdomen vor, und dasselbe erscheint daher zum grossen Theil leer.

Zu erwähnen ist noch auf dem Rücken des letzten Segmentes das Borstenpaar, welches Leydig in der Familie der Daphnidae als

»Schwanzborsten« bezeichnet und als ein »Hülfsorgan der Bewegung« in Anspruch nimmt, entgegen der Ansicht Gaurthuisen's der diese Borsten für »unzweifelhafte Tastorgane« hielt. Ich muss mich hier gegen die Ansicht meines berühmten deutschen Collegen erklären. Bei Leptodora lässt sich zwar auch kein Nervenstämmchen von weiterher bis zu den Borsten verfolgen, wohl aber spricht die Structur der Borste selbst für ein Tastorgan [1]), wie sie denn auch viel zu klein und schwach wäre um der grossen Leptodora als Bewegungsorgan nützlich zu sein. Wegen ihrer Kleinheit — sie mass bei einem mittelgrossen Individuum nur 0,06 Mm. — ist sie auch bisher übersehen worden und der Satz »Setae caudales nullae« muss aus der Müller'schen Diagnose wegfallen (Fig. 3 sb).

II. Haut und Musculatur.

Die Haut besteht aus den bekannten zwei Schichten: der Matrix oder Hypodermis und der von ihr abgeschiedenen Chitinhaut. Beide bieten bei Leptodora nichts besonders Interessantes dar, als etwa ihre absolute Pigmentlosigkeit und Durchsichtigkeit. Beide sind sehr dünn, die Hypodermis besteht nur aus einer Lage von Zellen, deren peripherischen Theile kaum dicker als die Chitinhaut sind, während die Stelle des Kernes etwas aufgetrieben ist. Von der Fläche gesehen erscheinen sie sechseckig.

An Hautsculpturen ist Leptodora ärmer, als viele andere Cladocera; besonders an den beiden Schwanzklauen stehen feine Dornen (Fig. 1) und ebenso auf der Haut des letzten Segmentes, wo sie in Gruppen zu zwei bis vier beisammen die Spitze nach rückwärts richten.

Ein inneres Skelet dessen Nachweis bei den Daphniden wir Leydig verdanken, lässt sich auch hier leicht erkennen, sobald man geeignete Reagentien z. B. Essigsäure anwendet. Man bemerkt dann, dass an vielen Stellen vom äussern Hautskelet feine Chitinfortsätze in die Leibeshöhle hereinragen, bald senkrecht, wie an der Grenze von Brust und Bauch, wo an der Basis der Schale ein länglicher Chitinring (Fig. 2 Ch') in der Haut liegt und von diesem aus zwei ziemlich derbe Chitinsäulen senkrecht die Leibeshöhle durchsetzen (Fig. 2 Ch) — bald auch horizontal. So zieht sich eine dünne Chitingräthe mitten durch die Leibeshöhle von der Brust her durch die beiden ersten Abdominalsegmente (Fig. 2 Ch'').

Auch die beiden Lamellen der Schalenduplicatur werden, wie bei andern Daphniden durch eine sehr grosse Anzahl feinster Chitinsäulchen

---
[1]) Siehe unten bei »Nervensystem«.

auseinandergehalten, welche zumeist senkrecht auf die Haut stehen und von der Fläche als kleine kreisförmige Figuren erscheinen, deren Durchmesser etwa dem Nucleolus eines Blutkörperchens der Leptodora) gleichkommt (Fig. 21).

An frischen Thieren sind diese Stützbälkchen kaum sichtbar, bei Osmiumpräparaten treten die Ansatzpuncte besonders deutlich hervor und nach längerem Liegen in Müller'scher Flüssigkeit sieht man, dass die Bälkchen sich hier ähnlich verhalten, wie es Claus für Limnadia beschrieben hat, dass nämlich jeder von ihnen sich nach beiden Seiten hin in ein Bündel feiner Fasern auflöst, deren Ansatzpuncte die erwähnten kleinen Kreise sind.

Die Musculatur hat grosse Aehnlichkeit mit der der übrigen Cladoceren. Eine specielle Myologie zu schreiben ist nicht meine Absicht, doch wird man sich über die Anordnung der Muskeln nach der Fig. 2 einen guten Begriff machen können; ich verdanke die betreffende Zeichnung Herrn Dr. Wiedersheim.

Die stärkste Anhäufung von Muskeln findet sich im Thorax, in welchem die Beinmuskeln liegen, um den Mund herum, wo die grossen Muskeln der Mandibeln, die der Ober- und Unterlippe, der Levator Oesophagi liegen und zugleich die Muskeln der Ruderantennen ihren Ursprung nehmen Fig. 10). Die Musculatur des Abdomen ist schwach und besteht wesentlich aus je einem Paar Extensoren und Flexoren des betreffenden Segmentes (Fig. 2). Dass einige dieser Muskeln eine nicht unwichtige Rolle beim Auspressen der Sexualproducte spielen, soll bei der Behandlung der Geschlechtsorgane näher besprochen werden.

Der histologische Bau der Daphnidenmuskeln ist bekannt, doch möchte ich einen Punct hervorheben, nämlich die eigenthümliche Art des Sehnenansatzes, wie sie sich bei den grossen Beugern und Streckern der Ruderarme zeigt. Diese Muskeln entspringen nämlich an der Wand des Schaftes dieser Gliedmassen als dicker Muskelbauch und gehen an der Basis des Gliedes in eine starke Sehne über, welche sich nicht an einen Punct der Haut ansetzt, sondern sich vielfach theilt und nun, gewissermassen in aufgelöstem Zustand sich an viele benachbarte Puncte des Skeletes befestigt. Es ist dasselbe Princip hier zur Anwendung gekommen, welches wir in der Technik der Kettenbrücken anwenden, wo das Drahtseil, welches die Brücke trägt, nicht als Ganzes in den Felsen eingelassen wird, sondern aufgelöst, ein jeder der es zusammensetzenden Drähte wird einzeln in den Felsen vernietet. In beiden Fällen ist die Wirkung die gleiche: der Zug wird auf eine grössere Fläche vertheilt und das mag bei der geringen Festigkeit des Hautskeletes der Leptodora wohl sehr nöthig sein.

Ein anderes, ungewöhnliches Verhältniss liegt darin, dass nur ein Theil der Sehnen dieser beiden Muskeln sich direct an die Haut inserirt, der Hauptteil der Sehne aber nach Passirung der Gelenkfalte des Ruderarmes wieder zum Muskelbauch anschwillt, der sich dann erst in der Mittellinie des Rückens an das Skelet ansetzt und zwar hier ohne Sehne. Es sind dies also zweiköpfige Muskeln, deren Sehne in der Mitte zwischen den beiden Köpfen liegt. So wurden dieselben schon von N. Wagner richtig abgebildet (l. c. Taf. IV Fig. 2 m).

III. Nervensystem.

Während sich bei den übrigen Cladoceren ein unteres Schlundganglion mit nachfolgender Bauchganglienkette zwar mit grosser Wahrscheinlichkeit annehmen, aber nicht direct nachweisen lässt, gelingt dieser Nachweis bei Leptodora unschwer, besonders bei jugendlichen Individuen. Der Schlundring erhält aber hier durch die ungemeine Länge des Kopfes ein etwas ungewöhnliches Gepräge.

Das obere Schlundganglion oder Gehirn liegt ganz vorn im Kopf. Es erscheint als eine einzige Nervenmasse, und die ursprüngliche Zusammensetzung aus zwei seitlichen Ganglien lässt sich nur noch an den beiden getrennt entspringenden kurzen Stielen erkennen, durch welche das mächtige Ganglion opticum dem Hirn aufsitzt.

Dieses übertrifft bei jungen Thieren das Hirn an Masse und kommt bei erwachsenen demselben wenigstens nahezu gleich. Es zeigt deutlicher die paarige Anlage, indem es gegen den Rücken zu in zwei Lappen gesondert vorspringt (Fig. 1 B, go), auch durch eine mediane Scheidewand in zwei laterale Hälften getheilt wird (Fig. 9), in deren jeder ein dunkler, ziemlich scharf umschriebener Fleck von ovaler Gestalt oft schon am lebenden Thier, deutlicher nach Behandlung mit Osmiumsäure sichtbar wird (Fig. 9 Kgo). Es entspricht dies Gebilde wohl der »feinen Punctmasse«, von welcher Leydig angiebt, dass sie im Gehirn von Krebsen und Insecten das Centrum bildet, um welches herum, einer Rindenschicht gleich, sich erst die verhältnissmässig kleinen Ganglienzellen gruppiren (Daphniden, S. 35).

Auch im Gehirn der Leptodora finde ich diese centrale Punctmasse, in ihr eingebettet aber noch ein anderes, bläschenförmiges Gebilde. Dasselbe ist unpaar und scheint nicht immer genau dieselbe Gestalt zu besitzen. Zuweilen sah ich es rein kuglig, einer hellen Vacuole ähnlich — so bei ausgewachsenen Thieren Fig. 1 B, gh), zuweilen mehr glockenförmig — so bei jungen Thieren — Fig. 9 gk), oder auch wie eine gerade, runde Scheibe mit einem halbkugligen Aufsatze (Fig. 4). Ob das Gebilde etwa ein Gehörbläschen ist, wage ich nicht zu sagen, am lebenden Thier ist es stets hell, und liegt in der hinteren Hirnhälfte und zwar so, dass die Scheibe oder die Basis der Glocke nach hinten sieht. Um sie herum erkennt man bei den meisten, erwachsenen Thieren schon während des Lebens sehr deutlich einen Kranz von Ganglienzellen (Fig. 4), deren Ausläufer als Nervenfasern in die Schlundcommissur eintreten.

Auch im vorderen Theil des Gehirns bemerkt man stets einen minder regelmässigen Kranz dunklerer, stark lichtbrechender Körper von der Grösse der hinteren Ganglienzellen (Fig. 4). Ich kann sie indessen vorläufig nicht für solche halten, da sie weder Fortsätze erkennen lassen, noch auch im Bau mit einer Zelle übereinstimmen. Sie zeigen nämlich eine dicke Rinde von homogener Beschaffenheit und ein schmales langgestrecktes helles Lumen, sind von bisquitförmiger Gestalt, meist mehr oder weniger zusammengekrümmt und lassen keinen Kern unterscheiden. Beim jungen Thier liegen allerdings an derselben Stelle grosse Ganglienzellen mit nach vorn gerichtetem Fortsatz (Fig. 9 g_3).

Die Commissuren zum unteren Schlundganglion (Fig. 1, 3, 4, 9 C) entspringen vom Gehirn als ein breiter, unpaarer Nervenstrang, der sich erst mehr oder weniger weit hinten im Kopf gablig theilt und dessen in spitzem Winkel divergirende Schenkel nun den Schlund umgreifen, um in das untere Schlundganglion einzumünden. Auf dem Wege dahin gehen sie eine Verbindung ein, welche der Erwähnung werth ist, weil sie leicht irre führt, wie ich denn selbst lange Zeit gebraucht habe, um über das betreffende Verhältniss klar zu werden.

Betrachtet man nämlich das Thier im Profil, so lassen sich die Commissurstränge mit Leichtigkeit bis ein Wenig über den Hinterrand des Kopfschildes hinaus verfolgen, dort aber stossen sie an einen eigenthümlichen Körper von etwa kegelförmiger Gestalt mit abgerundeten Ecken, welcher senkrecht zur Längsachse des Kopfes steht und zwar mit der Spitze an die Decke des Kopfes angeheftet ist. Diese Körper sind paarig vorhanden und liegen etwas seitlich von der Medianebene, wie sie denn den Punct bezeichnen, an welchem die Commissurstränge am weitesten auseinander weichen. In der Rückenansicht fallen sie durch ihr starkes Lichtbrechungsvermögen am meisten auf (Fig. 1 F). Die Nervenstränge nun treten nicht, wie es den Anschein hat, in die Körper ein, sondern laufen auf der äusseren Fläche derselben hin, werden aber dabei äusserst blass, sind durch ihre Hülle mit dem Körper verwachsen und zeigen zwei leichte Anschwellungen, deren vordere gerade auf dem körnigen Körper (Fig. 10 F) liegt, die hintere aber auf der Seitenwand des Schlundes, also unmittelbar vor Eintritt des Commissurstranges in das untere Schlundganglion (Fig. 10 C, C').

Durch den unzweifelhaft vorhandenen organischen Zusammenhang des Nervenstranges mit dem räthselhaften Körper (F) könnte man fast an ein Ganglion unbekannter Bedeutung denken, zumal das feinkörnige mit kreisrunden Blasen durchsetzte Aussehen des Körpers einigermassen an ein Ganglion erinnert, wie denn sowohl N. Wagner[1]) als P. E. Müller[2]) statt dieses Körpers eine ziemlich starke gangliöse Anschwellung des Commissurstranges einzeichnen und dieselbe als besonderes Ganglion bezeichnen.

Es liegt indessen hier kein Ganglion vor, sondern die erwähnte Verbreiterung des Nerven beruht einfach auf einer mehr flächenhaften Ausbreitung desselben auf dem räthselhaften Körper, also gewissermassen einer Verdünnung des Nerven, der wie plattgeschlagen erscheint. Damit hängt es auch zusammen, dass er an dieser Stelle so schwer zu verfolgen ist, trotzdem keine anderen Organe sich deckend über ihn lagern.

Die Ursache der Abplattung des Nervenstranges sehe ich in der grösseren Spannung, welcher derselbe gerade an dieser Stelle ausgesetzt ist. Die Commissurstränge sind über den räthselhaften Körper gewissermassen gespannt, wie die Violinsaite über den Steg, bis zu ihm hin weichen sie auseinander, hinter ihm aber convergiren sie wieder, um sich dann im Schlundganglion zu vereinigen.

Was nun die eigentliche Natur der bisher als »räthselhafte Körper« bezeichneten Gebilde betrifft, so sind sie nichts weiter, als ein Theil des später zu beschreibenden, den ganzen Körper durchziehenden zelligbindegewebigen Fettkörpers. Sie sind Fettkörperlappen, welche senkrecht zwischen der äusseren Haut und einem Rahmen ausgespannt sind, der theils von Muskeln, theils vom Schlund gebildet wird. Ihre Bedeutung für den Organismus liegt weniger in Ablagerung von Fett, von dem man an dieser Stelle nur selten irgend erhebliche Mengen vorfindet, sondern — wie dies später für den gesammten Fettkörper dargestellt werden soll — in einer Regulirung der Blutbahnen und in der Fixirung zarter, leicht verletzlicher Organe, also hier der Commissurstränge.

Zu erwähnen ist noch, dass — wie Nic. Wagner und Müller richtig abbilden — die beiden Commissurstränge durch eine Quercommissur miteinander verbunden werden und zwar liegt dieselbe unmittelbar vor der Stelle, an welcher die Stränge an den Fettkörper angelöthet sind.

[1]) Siehe a. a. O. Taf. I, Fig. 1, Taf. II. 19 und Taf. IV, Fig. 1.
[2]) Siehe »Danmarks Cladocera« den Holzschnitt p. 218.

In der Bauchansicht sieht man hier ein äusserst feines Nervenfädchen quer von einem zum andern Commissurstrang hinziehen.

Das untere Schlundganglion liegt dicht hinter dem Schlund, in dem Winkel, welchen dieser mit der Speiseröhre bildet und besteht aus zwei schräg übereinander liegenden, ziemlich mächtigen Nervenknoten. In Fig. 10 sieht man einen Theil davon (*Usg*), die Hauptmasse desselben wird von der Mandibel und ihren Muskeln verdeckt. Bei jungen Thieren erscheint das Ganglion noch nicht in zwei Portionen getrennt, sondern einfach (Fig. 5 *usg*). Die Erkennung der Längscommissur, welche das untere Schlundganglion mit dem Bauchmark verbindet, gelingt nur bei so jungen Individuen, wo sie sich als ein paarig vorhandener, kurzer, dicker, schräg nach abwärts gerichteter Strang darstellt (Fig. 5 *C*). An solchen Thierchen von 3 Mm. Länge zeigt sich auch das Bauchmark vollkommen deutlich und in seiner ursprünglichen Zusammensetzung aus sechs Ganglienknoten, welche durch tiefe ringförmige Einschnitte von einander getrennt werden, während zugleich eine tiefe mediane Längsfurche die Ganglien in zwei symmetrische Hälften theilt (Fig. 5 *Bm*). Das erste und letzte der sechs Ganglien sind bei weitem grösser, als die vier dazwischen liegenden, wie denn auch von diesen beiden Ganglien aus grössere Gewebemengen innervirt werden.

Durch feinste bindegewebige Fäden, von denen je zwei in spitzem Winkel zusammentreffend sich an die Haut befestigen wird das Bauchmark schwebend in seiner Lage erhalten (Fig. 5 *ls*).

Beim erwachsenen Thier verschmelzen die einzelnen Ganglien vollständig zu einer einzigen breiten, nach hinten zu sich verjüngenden Platte ohne mediane Längsfurche, deren Gestalt etwa an das untere Ende eines menschlichen Sternum erinnert.

Was nun die von den Centraltheilen des Nervensystems entspringenden Nervenstämme betrifft, so entspringen vom Gehirn und seinen Commissuren zum untern Schlundganglion nur dreierlei Nerven nämlich die Nerven zu dem Auge, zu den Augenmuskeln und zu den vordern oder Riech-Antennen.

Als Augennerv kann nur der Nervenstrang bezeichnet werden, welcher die Verbindung von Ganglion opticum und Retina herstellt, nicht etwa die Verbindungsstücke zwischen Ganglion opticum und Gehirn. Da nun bei Leptodora das Auge unmittelbar auf dem mächtigen Ganglion opticum sitzt (wie auch bei Bythotrephes und Polyphemus), so ist ein als gesonderter Nervenstrang wahrzunehmender Sehnerv, wie er z. B. der Gattung Daphnia zukommt, überhaupt nicht vorhanden.

Die beiden Wurzeln des Ganglion opticum lassen sich nur durch besondere Mittel erkennen, da das Ganglion dem Gehirn so dicht aufliegt, dass beide als eine ungetrennte Nervenmasse imponiren. Zuweilen aber — bei gewaltsamen Zusammenziehungen der Augenmuskeln — werden Hirn und Augenganglion gegen einander verschoben und man erkennt dann, dass beide in der Medianlinie durch eine schmale Lücke getrennt und nur an den Seiten durch breite Stiele verbunden sind.

Das Auge selbst (Fig. 4 und 9) hat eine nahezu kuglige Gestalt, zeigt aber hinten in der Mittellinie stets eine von Krystallkörpern freie Kerbe, offenbar eine Andeutung der ursprünglichen Entstehung aus zwei getrennten Augen, wie ich denn auch bei jungen Individuen das Auge aus zwei symmetrischen Halbkugeln zusammengesetzt fand, welche in der ganzen Medianebene durch eine bis zur Pigmentschicht reichende Furche von einander getrennt waren.

Das Pigment ist tiefschwarz und nimmt an Menge im Verhältniss zur Länge der Krystallkegel mit dem Alter zu.

Die Gestalt der Pigmentzone ist meist ziemlich genau kuglig und die Länge der Krystallkegel nur in der Jugend nach vorn zu bedeutend (bis zum Vierfachen) grösser, als nach rückwärts. Ich erwähne dieser ungleichen Entwickelung der Krystallkegel hauptsächlich deshalb, weil sie bei andern Gattungen, z. B. sehr auffällig bei Bythotrephes, permanent bleibt.

In Betreff der Hüllen des Auges kann ich mich ganz der Darstellung anschliessen, welche Leydig davon für die Daphniden im Allgemeinen gegeben hat. Das Auge liegt innerhalb einer bindegewebigen Kapsel, welche im Leben eng anliegt, im Tode aber mehr oder weniger weit absteht (Fig. 9 bh) und an diese Kapsel setzen sich die Augenmuskeln (Fig. 4 M). Sie entspringt — wie ich sehr deutlich nach Einwirkung von Essigsäure erkennen konnte — von der Hülle des Sehganglion, d. h. bildet die Fortsetzung dieser Hülle.

Muskeln finden sich auch bei Leptodora auf jeder Seite drei, welche alle drei nahe beisammen an der Seite des Kopfes entspringen und von denen einer sich auf der Dorsalfläche der Augenkapsel, die andern auf der Seitenfläche inseriren. Die Letzteren bilden zuerst einen einzigen Muskelbauch. Wie alle Muskeln, so sind auch diese quergestreift.

Die Nervi oculomotorii sieht man als äusserst feine Fädchen von den Seiten des Hirns zu der Ursprungsstelle der Augenmuskeln geschlängelt hinlaufen und zwar jederseits Einen (Fig. 4 no).

So leicht verständlich nun auch der Mechanismus ist, durch den das Daphniden-Auge rotirt wird, so hat doch meines Wissens noch Niemand erklärt, warum überhaupt ein kuglig gebautes, also nach allen

Seiten gleichmässig mit percipirenden Elementen ausgerüstetes Auge überhaupt beweglich eingerichtet ist?

Die bedeutende Körpergrösse der Leptodora gestattet auch das Zerlegen des Auges mit Nadeln und damit das Studium des feineren Baues desselben.

Am besten eignen sich Osmium-Präparate, welche einige Zeit in Alkohol gelegen haben, zu diesen Untersuchungen, nächstdem auch Thiere, welche in Müller'scher Flüssigkeit oder in doppelt chromsaurem Kali conservirt wurden.

Die Isolirung der Krystallkegel gelingt leicht. Dieselben sind nicht vierkantig, wie bei andern Polyphemiden, sondern einfach kegelförmig (Fig. 8 und 9), an der centralen Spitze in vier kurze, stumpfe Zipfel auslaufend, nach vorn stark anschwellend und zwar so, dass die grösste Dicke etwas hinter dem halbkuglig abgerundeten peripherischen Ende liegt. Der Kegel ist auch ausserdem nicht mathematisch genau construirt, insofern seine seitlichen Contouren keine geraden sondern sanft geschwungene Linien darstellen.

Dass die Krystallkegel hier nicht vierkantig sind, lehrt am besten der optische Querschnitt, welcher einfach kreisförmig ist. An Osmium-Präparaten sieht man zugleich sehr deutlich eine ziemlich dicke und vollkommen fest anliegende structurlose Scheide, welche klar und farblos bleibt, während die von ihr eingeschlossene Krystallsubstanz sich grau färbt.

Auch die von Leydig und Max Schultze erwähnten Längslinien auf der Oberfläche des Krystallkegels fehlen nicht und deuten auf eine Zusammensetzung desselben aus vier Stücken, wie sie Leydig[1]) zuerst für Insecten und Krebse nachgewiesen hat.

Nicht selten erkennt man bei Osmium-Präparaten im Innern der Krystallkegel Anhäufungen feinkörniger Substanz meist von sehr bestimmter und regelmässiger Spindel- oder Keulenform, oft in Verbindung mit einem centralen Achsenfaden. Ich halte mit Max Schultze[2]) diese Gebilde für Gerinnungsproducte, einmal weil am frischen Krystallkegel Nichts von ihnen zu sehen ist und dann weil man kaum zwei Kegel findet, an welchen diese körnigen Spindeln und Streifen genau an derselben Stelle lägen und genau dieselbe Gestalt besässen. Zudem macht gerade die Zusammensetzung jeden Kegels aus vier dreiseitigen Prismen die Ansammlung gerinnbarer Flüssigkeit an dieser oder jener

---

[1] »Das Auge der Gliederthiere«. Tübingen 1864, p. 19.

[2] »Untersuchungen über die zusammengesetzten Augen der Krebse und Insecten. Bonn 1868. p. 6.

Stelle zwischen diesen Prismen und in der Achse des Kegels leicht verständlich.

Die Grenze zwischen Krystallkegel und Sehstab ist hier durchweg scharf, meist lösen sich die beiden Theile von einander und nur selten erhält man Bilder, wie in Fig. 8. Hat man das schwarze Pigment, welches nur wenig über den Sehstab hinausreicht durch Kali entfernt, so erkennt man, dass der Krystallkegel mit vier kurzen, abgestumpften Spitzen das verjüngte Ende des Sehstabes umfasst, ähnlich so wie es Max Schultze von Palaemon serratus abbildet. Der Sehstab (Fig. 8 *S*) misst in der Länge nur 0,02 Mm., ist mehr als vier Mal so kurz, als der 0,09 Mm. lange Krystallkegel. Seine Gestalt ist einfach cylindrisch, an beiden Enden verjüngt, am centralen am stärksten zugespitzt. Er erschien mir völlig homogen, Querstreifung oder eine anderweitige Structur liess sich nicht erkennen.

Die Kapsel, welche die Krystallkegel zunächst und enge umschliesst (Fig. 9 *Auk*), ist bindegewebiger Natur und von ihr aus ragen eigenthümliche dreieckige klare Zellen zwischen die Krystallkörper hinein und füllen die Lücken, welche durch die Verjüngung ihres äussern Endes zwischen ihnen bleiben. Auch weiter gegen das Centrum des Auges werden die Lücken zwischen den Krystallkegeln durch zelliges Gewebe ausgefüllt, runde, klare, kernhaltige Zellen und geringe Mengen fasriger Intercellularsubstanz. Alle diese bindegewebigen Theile zusammen entsprechen dem von Leydig bei Insecten und höheren Krebsen nachgewiesenen »Umhüllungsschlauch«.

Das zweite, vom Hirn entspringende Nervenpaar sind die Nerven der Augenmuskeln, deren bereits Erwähnung gethan wurde. Gleich hinter ihnen geht das dritte Paar ab, die besonders beim Männchen sehr starken Nerven der vordern Antennen oder wie Leydig sie bezeichnet der »Tast-Antennen«. Bekanntlich gebrauchte Leydig diese Bezeichnung nur als eine vorläufige, möglichst indifferente, wies aber zugleich nach, dass diese sog. »Tast-Antennen« nicht nur bei den Daphniden, sondern bei sehr vielen der niederen und wahrscheinlich auch der höheren Crustaceen Sitz eines specifischen Sinnesorgans sind, eines Geruchs- oder Gehörorgans.

Seitdem sind unsere Kenntnisse der Sinnesorgane bedeutend vorgeschritten, doch aber nicht so weit, dass wir im Stande wären, mit Sicherheit aus dem Bau eines Nervenendigungs-Apparates auf dessen specifische Thätigkeit zu schliessen. Es darf deshalb, wie mir scheint kein Weg versäumt werden, der zur Erkenntniss dieser Thätigkeit in einem bestimmten Falle führen kann und ich glaube, dass sich bei Leptodora — wie auch bei manchen anderen Daphniden ein solcher Weg bietet.

Dass nämlich hier kein Gehörorgan vorliegt schliesse ich aus der bei weitem stärkeren Entwickelung des Organs bei den Männchen. Offenbar spielt dasselbe eine sehr wesentliche Rolle beim Aufsuchen des Weibchens. Wollten wir in den »Tast-Antennen« Gebörorgane sehen, so müsste angenommen werden, dass hier — umgekehrt wie sonst im Thierreich — das Weibchen durch musikalische Geräusche das Männchen anlockt. Aber selbst wenn dies nicht sehr unwahrscheinlich wäre, so liesse sich doch dadurch die so sehr viel vollkommnere Entwicklung des Gehörapparates beim Männchen nicht erklären, da wir selbst bei solchen Thieren, bei denen ausschliesslich das eine Geschlecht durch Musik zur Begattung anlockt, wie bei Vögeln oder Orthopteren, niemals eine ungleiche Entwickelung des Gehörorgans in beiden Geschlechtern vorfinden, auch eine solche a priori als höchst unzweckmässig, ja unmöglich erscheinen muss, indem ja das anlockende Geschlecht zur Controlirung und Ausübung seines eigenen Gesanges nothwendig eines eben so feinen Gehörs bedarf, als das angelockte Geschlecht ihn nöthig hat, um den Gesang gehörig zu würdigen!

Bei einem Geruchsorgan ist das ganz anders: der von einem Geschlecht entwickelte Geruch ist keine bewusste, sondern eine unwillkürliche Lebensäusserung und bedarf keineswegs erst der Billigung durch die eigenen Geruchsnerven. Hier also kann sehr wohl bei dem aufspürenden Geschlecht — hier wie fast immer dem männlichen — das Spür- oder Geruchs-Organ sehr viel stärker entwickelt worden sein, als beim weiblichen Geschlecht.

Aus diesen Gründen halte ich die specifischen nervösen Endapparate in den vordern Antennen der Daphniden nicht für Gehör- sondern mit den meisten neueren Schriftstellern für Geruchsorgane, falls man es nicht vorzieht, an eine dem Menschen nicht zukommende, also auch nicht weiter fassbare Sinnesempfindung zu denken, wofür mir indessen kaum ein Grund vorzuliegen scheint.

Kann diese Schlussfolgerung Gültigkeit beanspruchen, dann hat sie allgemeinen Werth, dann sind wir berechtigt, überall da, wo wir bei Arthropoden Sinnesapparate von dem Bau der Riechorgane der Daphniden finden, ebenfalls Geruchsorgane anzunehmen, wir dürfen dann aus dem anatomischen Bau allein auf die Qualität der Function schliessen und dies mit um so grösserer Sicherheit desbalb, weil bei Leptodora nur eine einzige Form von Nervenendapparaten an den Antennen vorkommt, nicht wie bei andern Daphniden deren mehrere.

Was nun den Bau der Riechorgane bei Leptodora angeht, so kann ich der Darstellung, welche Leydig von dem entsprechenden Organ andrer Daphniden gegeben hat, nur Wenig hinzufügen.

Der Nerv (Fig. 4 und 9 ns), den man wohl seiner Hauptfunction nach, als Riechnerv bezeichnen darf tritt in die Antenne ein, bildet hier ein Ganglion, von dessen Zellen je ein feiner Nervenfaden zur Hypodermis läuft, um dort an einen der Haut aufsitzenden »Riechfaden« zu treten, nachdem er vorher nochmals eine rundliche Ganglienzelle passirt hat. Also auch hier sind wie bei Branchipus (nach Leydig und Claus) zwei Ganglienzellen in den Verlauf jeder Nervenfaser eingeschaltet.

Die Riechfäden sind bei Leptodora von ziemlich bedeutender Grösse (0,073 Mm. Länge bei 0,005 Mm. Dicke, sind zartwandige, blasse Stäbchen von cylindrischer Form, am untern Ende in die Chitinhaut eingesenkt, am obern sanft abgerundet und hier von dem durch Leydig zuerst beschriebenen auffallend dunkel contourirtem Knöpfchen gekrönt (Fig. 4, 7 und 9 Rf).

In einem Puncte bin ich — durch die bedeutendere Grösse der Leptodora — um einen Schritt weiter vorgedrungen, als Leydig, ich sah nämlich bei starker Vergrösserung am lebenden Thier sehr deutlich, dass diese Riechfäden aus Hülle und Inhalt bestehen; ich unterschied einen sehr feinen doppelten Contour und einen gewöhnlich krystallhellen, farblosen Inhalt, an welchem bei einzelnen Fäden eine Anzahl sehr blasser zartcontourirter Blasen oder Kugeln sich zeigte, während bei Osmium-Präparaten ein feinkörniger Achsenstrang hervortrat (Fig. 7 ax).

Auch sah ich, dass die von Leydig beschriebenen »dunkel markirten Stellen oder Verdickungen« der Chitinhaut an der Stelle, wo ein Riechfaden von ihr abgeht, förmlich kleine cylindrische Chitinkapseln sind, oben und unten offen und zum Durchtritt des feinen Nervenfadens in den Riechfaden bestimmt (Fig. 7, Chk). Eine ähnliche Bildung hat Leydig bei der ungeknöpften Tasthorste der männlichen Antenne von Daphnia Sima beobachtet, nur dass dort diese Chitinröhre nicht **unterhalb** des Hautpanzers liegt, sondern **ausserhalb** desselben frei an der Tasthorste. Dieselbe mag dazu dienen den Nerven vor Zerrungen zu schützen, jedenfalls ist sie kein **unwesentlicher** Theil des Sinnesapparates, denn auch bei Branchipus kommt sie vor, wie Fig. 11 auf Taf. IV bei Claus (a. a. O.) deutlich erkennen lässt.

Der Unterschied der Geschlechter ist in Betreff der Riechantennen bedeutender, als bei irgend einem andern Daphniden und zwar sowohl was die Länge der Antennen selbst, als was die Anzahl der auf ihr angebrachten Riechfäden betrifft. Die Länge der Antenne eines grossen völlig ausgewachsenen Weibchens beträgt 0,19 Mm., während die eines bedeutend kleineren, aber ebenfalls ausgewachsenen Männchens 1,15 Mm. beträgt. Bei Ersterem finden sich nur neun Riechfäden, bei Letzterem deren über Siebzig.

Es ist nun nicht uninteressant, dass auch hier diese auffallenden Geschlechtsunterschiede sich erst mit zunehmendem Alter entwickeln.

Bei jugendlichen Männchen (von 3 Mm. Körperlänge) fand ich die Riechantennen so kurz wie beim Weibchen und die 9 Riechfäden ganz wie bei diesem alle dicht beisammen auf einer knopfförmigen Verdickung der Haut aufsitzen (Fig. 9 Rf), unter welcher in geringer Entfernung ein Ganglion liegt, aus dessen wenigen Ganglienzellen feine Nervenfäden zu den Riechfäden hinziehen. Während nun beim Weibchen der Höcker, welcher die Riechfäden trägt, an der Spitze der vorn abgerundeten Antenne steht (Fig. 1 B, At^1), findet er sich beim jungen Männchen — wenigstens in den jüngsten mir bekannten Stadien — zwar auch auf dem am meisten nach vorn ragenden Theil der Antenne, aber nicht auf der eigentlichen Spitze, welche vielmehr nach hinten umgebogen ist; die Antenne ähnelt einem rückwärts gekrümmten Horn.

Im Laufe der Entwickelung wächst nun diese umgebogene Spitze immer weiter aus, während das basale Stück relativ unverändert bleibt (Fig. 4, 9 und 10). Zugleich wachsen auch die Nervenfasern von dem Nervenstamm her mit aus, und an der ganzen vordern Fläche der Antenne zieht sich eine dicke Zellenlage unter der Hypodermis hin, mit welcher die Nervenfasern von vornherein in Verbindung standen und welche nichts Anderes sind, als Ganglienzellen für die nun bald überall hervorsprossenden Riechfäden. Am ausgebildeten Männchen findet sich dann an der ganzen vordern Fläche der Antenne hin in ziemlich regelmässigen Abständen eine lange Reihe von Riechfäden (Fig. 4 von einem halbwüchsigen Thier), alle genau von demselben Bau, wie die auf dem basalen Hautknopf stehenden.

Die weibliche Antenne entspricht somit nur dem kleinen basalen Stück der männlichen Antenne und zwar nur bis zu dem Riechknopf, die ganzen übrigen neun Zehntel derselben sind dem Männchen eigenthümlich. Wie in so zahlreichen andern Fällen lässt sich also auch hier durch die Ontogenese nachweisen, dass die weibliche Form die primäre — ursprünglich beiden Geschlechtern zukommende — war und dass sich aus ihr erst die männliche entwickelt hat.

Hinter dem Riechnerv sehe ich an der ganzen langen Schlundring-Commissur keinen Nerven mehr entspringen. Mit aller Bestimmtheit kann ich angeben, dass der Nervenstamm zu den mächtigen hintern

Antennen nicht wie sonst bei den Daphniden von der Commissur entspringt, sondern von dem **unteren Schlundganglion**! So überraschend dies ist, so muss es doch als eine Thatsache hingenommen werden, mit der man sich abzufinden hat.

Dass vor dem untern Schlundganglion kein irgendwie erheblicher Nerv nach oben von den Commissursträngen abgeht, davon kann man sich leicht überzeugen, schwieriger ist es den Abgang des Ruderantennen-Nerven vom unteren Schlundganglion direct zu sehen und ich gestehe gern, dass ich nie im Stande war, Ursprung und ganzen Verlauf im Zusammenhang so klar zu sehen, als es N. Wagner gezeichnet hat (Taf. XXXVI). Bei grösseren Thieren möchte ich es sogar fast für unmöglich halten, den Ursprung desselben überhaupt zu sehen, weil andere Theile (Muskeln der Mandibeln u. s. w.) den blassen Nervenstamm überlagern und jede Färbungsmethode diese deckenden Theile noch dunkler färbt, als den Nerven. Bei ganz jungen Thieren dagegen sieht man den relativ dicken Antennennerven vom oberen Theile des untern Schlundganglion gerade nach oben abgehen (Fig. 5 nat²), und weiter oben im Kopf und an seinem Eintritt in die Ruderantennen lässt er sich auch bei erwachsenen Thieren ganz gut erkennen. Ein Irrthum aber ist es, wenn Wagner ein grosses Ganglion gerade an der Eintrittsstelle in ihn einzeichnet; ein solches existirt nicht, wohl aber kann der mittlere der drei Rudermuskeln in der optischen Verkürzung von oben gesehen dann ein Ganglion vortäuschen, wenn seine quergestreifte Substanz — wie es bei diesem Muskel oft in hohem Maasse der Fall ist — von einem dicken körnigen Mantel kleiner Zellen umgeben ist.

Vom Bauchmark nehmen **sechs Nervenpaare** ihren Ursprung, welche wesentlich zur Versorgung der sechs Fusspaare dienen. Von allen gehen gleich nach ihrem Ursprung ein oder mehrere feine Zweige ab, die sich nach hinten wenden und soweit ich sie verfolgen konnte, die Muskeln des Thorax versehen. Im Abdomen habe ich niemals Nervenstämmchen entdecken können. Dass aber auch dort Nerven nicht fehlen, beweist die **Tastborste**, welche paarig auf dem Rücken des vierten Abdominalsegmentes steht.

Ihre **morphologische** Bedeutung als Homologon der sogenannten »Schwanzborsten« der übrigen Daphniden wurde bereits besprochen, ihr **physiologischer** Werth ist wohl der eines Tastorgans.

Dafür spricht schon der Bau der Borste selbst, welche fiederspaltig ist, an den Seiten mehrere sehr zarte Fiederhaare trägt und an der Spitze in ein Büschel ebenfalls sehr feiner Haare zerfährt (Fig. 6). Es lässt sich aber auch ein Nerv erkennen der mit mehreren unter der Einlenkung der Borste gelegenen Ganglienzellen in Verbindung tritt.

Fig. 6 ist nach einem mit Osmiumsäure behandelten und längere Zeit in Alkohol aufbewahrten Thiere gezeichnet: die Hypodermis ist geschrumpft und hat sich von dem Chitinskelet abgehoben.

IV. Nahrungskanal.

Der Mund der Leptodora ist klein, weshalb sie denn auch ihre Beute nie ganz verschluckt, sondern sie vorher in kleinste Stückchen zerreisst. Von unten gesehen erscheint derselbe — wenn geöffnet — als ein sechseckiger Stern, dagegen in geschlossenem Zustand als zweilippige Querspalte. Er liegt an der Basis des Kopfes, unmittelbar über den Greiffüssen, und zwar nicht frei auf der Oberfläche der Körperwand, sondern in der Tiefe eines geräumigen Vestibulum, welches von der Ober- und Unterlippe gebildet wird (Fig. 10 I').

Beide Lippen haben, wie oben erwähnt wurde, nur den Formwerth von Hautfalten, nicht von Gliedmassen, sind indessen mächtig entwickelt und spielen eine sehr bedeutende Rolle beim Festhalten und Verarbeiten der gefangenen Nahrungsthiere.

Die Oberlippe (Fig. 10 lbr) ist helmförmig, sehr gross und bauchig aufgetrieben, ihr Mundrand scharf und genau auf den mit kleinen Borsten besetzten Mundrand der kleineren, aber ähnlich gestalteten Unterlippe (lb) passend. In Profilansicht bewegen sich beide Lippen etwa wie ein Papageischnabel gegen einander, in der Bauchansicht sieht man beim Oeffnen der Lippen durch eine sehr breite und weite Spalte in das Vestibulum hinein.

Ober- und Unterlippe besitzen eine stark entwickelte Musculatur. Ein mächtiger, paarig vorhandener Musculus levator (lls) ist am Kopfgewölbe durch feine Chitinfäden aufgehängt, steigt gerade nach abwärts und befestigt sich mit drei Köpfen (lls') innerhalb der Oberlippe, die sehr energisch durch ihn gehoben werden kann, während die später zu erwähnenden Dilatatores pharyngis (dph) zum Theil zugleich die Adduction der Oberlippe bewirken können, an deren vorderem Winkel sie entspringen.

Innerhalb des Vestibulum bewegen sich die Beiss- und Zerkleinerungswerkzeuge des Thieres: die Mandibeln; Maxillen fehlen vollständig, wie dies auch Lilljeborg ganz richtig angiebt, während N. Wagner einen Theil der Unterlippe als Maxillen deutet.

Die Mandibeln (Fig. 10 A und B md) sind eingliedrig und entbehren des Tasters [1]: es sind mächtige, stark gebogene, hornige Haken mit feiner, scharfer Spitze, hinter welcher vier kleine Dornen stehen. Mit beinah kreisrunder, scheibenförmiger Basis articuliren sie sehr hoch oben neben und hinter der winkligen Knickung des Pharynx und zwar merkwürdigerweise nicht aussen auf dem Hautskelet, sondern im Innern des Kopfes, bedeckt von der Haut. Offenbar ist ihre Insertionsstelle, welche beim Embryo auf der Aussenfläche liegt, erst durch die starke Entwicklung der beiden Lippen so weit nach oben und in die Tiefe gerückt. Sie articuliren auch in sehr eigenthümlicher Weise auf einem trommelartigen Chitingestell, welches selbst federartig biegsam ist, ziemlich stark hin- und herbewegt werden kann (Fig. 10 B, F) und so die Ausgiebigkeit der Kieferbewegungen noch bedeutend erhöht. Die Basalscheibe der Kiefer (md') ist hohl und in sie treten vier starke Muskeln ein (M^1 M^2 M^3), welche die Spitzen der Kiefer einmal gegen einander bis zur Kreuzung und wieder auseinander bewegen, dann aber auch so bedeutend senken können, dass dieselben aus dem Vestibulum frei hervortreten. Die letztere Bewegung wäre ohne das federnde Gestell nicht möglich.

Vom Munde, der durch einen Sphincter geschlossen werden kann steigt senkrecht nach oben der Schlund, Pharynx (Fig. 10 A), biegt dann etwa in halber Kopfhöhe im rechten Winkel nach hinten um und geht dabei zugleich in die Speiseröhre, den Oesophagus (Oe) über.

Diese ist im Gegensatz zu allen übrigen Cladoceren sehr entwickelt. Sie besitzt eine Länge, wie sie wohl überhaupt nicht leicht bei einem Arthropoden vorkommt, denn sie reicht vom Kopf durch den ganzen Thorax hindurch bis gegen das Ende des dritten Abdominalsegmentes (Fig. 1 und 3). In ihrer ganzen Länge verläuft sie frei durch die Leibeshöhle und zwar in der Ruhe mitten durch sie hindurch, während sie bei Thieren, die vom Deckglase gedrückt krampfhafte Befreiungsversuche machen, die verschiedensten Lagen annehmen kann und dabei sehr oft winklige Knickungen bekommt, welche sich später wieder ausgleichen können und ohne Zweifel mit einer histologischen Eigenthümlichkeit, nämlich dem Fehlen der Ringmuskeln, zusammenhängt.

---

[1] Der Nauplius, welcher nach der interessanten Entdeckung von Sars sich aus dem Winterei der Leptodora entwickelt, besitzt als drittes Gliedmassenpaar mächtige, eingliedrige Mandibulartaster, die als Schwimmfusse functioniren, während ihr schon ziemlich stark entwickelter Ladentheil bereits die Function des Kauens erfüllt. Aber auch bei dieser Generation geht später der Tastertheil vollständig verloren, wie er denn bei dem Embryo der Sommergeneration überhaupt gar nicht angelegt wird.

Der folgende Abschnitt des Nahrungskanals wird am treffendsten als **Magendarm** bezeichnet, da er zugleich verdaut und aufsaugt (Chylusmagen der Insecten Fig. 1 und 3 *Md*). Er stellt einen gerüumigen, dickwandigen Schlauch dar, welcher vorn etwa drei Mal so dick ist, als die Speiseröhre, nach hinten zu aber sich allmälig verjüngt. Häufig, aber nicht immer, ist die Speiseröhre ein kurzes Stück weit in den Magendarm eingestülpt.

Der letzte kurze Abschnitt des Darmkanals: der **Mastdarm**, **Rectum** (*R*) ist bedeutend dünner, als selbst der hinterste Theil des Magendarms und mündet zwischen den beiden Schwanzklauen dorsal durch eine schliessbare Afterspalte nach aussen.

Der histologische Bau des Darmtractus muss in Verbindung mit seiner Function betrachtet werden. Diese ist hier eine doppelte, der Darm dient nicht nur der Ernährung, sondern zugleich auch der Athmung. Daraus erklärt sich besonders der Bau der beiden Endabschnitte: des Pharynx und des Rectum.

Trotz nicht unbedeutender Verschiedenheit in seinen einzelnen Abschnitten lässt sich doch der Bau des Tractus leicht auf gemeinsame Anlage zurückführen. Ich gehe von der Schilderung des Magendarm's aus, weil dieser die vollständigste Ausbildung aller Schichten aufweist. Er besteht aus einer feinen, structurlosen Intima (Fig. 17 *ij*), auf welche eine einfache Lage grosser, kernhaltiger Zellen (*s*) folgt. Diese sind überlagert von breiten, bandartigen Längsmuskeln (*l*), welche wieder ihrerseits von schmäleren (etwa halb so breiten) Ringmuskeln (*r, r'*) umsponnen werden. Beide Muskeln sind so angeordnet, das die einzelnen Bänder nicht aneinanderstossen, sondern durch schmale Zwischenräume getrennt bleiben.

Der histologische Bau der **Speiseröhre** ist insofern sehr eigenthümlich, als ihre Wandung keine Zellenlage besitzt, und nur aus feiner Intima und darüberliegenden, sehr regelmässig und parallel angeordneten Längsmuskelbändern besteht. Letztere sind breit, quergestreift und lassen bei Essigsäurezusatz über sich noch ein feines, wahrscheinlich bindegewebiges Häutchen erkennen. Die Ringmuskeln fehlen hier vollständig. Die Längsmuskeln tragen in weiten Abständen kleine, klare Kerne.

Der Bau des **Pharynx** unterscheidet sich von dem des Oesophagus vor Allem dadurch, dass sich hier wieder eine Lage grosser, drüsenartiger Zellen einschiebt, aber nicht wie beim Magendarm zwischen Intima und Muskelschicht, sondern nach aussen von Letzterer. Die Längsmuskeln des Oesophagus ziehen sich auch über den Pharynx hin fort, dagegen vermochte ich keine etwa noch hinzutretende Ringmuskelschicht zu entdecken, deren Fehlen man auch aus der Bewegungsart des Organs erschliessen kann, welches niemals ringförmige Einschnürungen, sondern stets ein Schliessen auf längere Strecken hin wahrnehmen lässt.

Dass die Zellenschicht nach aussen hin von keiner weiteren Lage mehr überdeckt wird, geht schon aus der kuppelartigen Gestalt der äussern Zellenwand hervor, wie denn überhaupt diese Zellen als accessorische, von aussen der Wand des Pharynx aufgelagerte Speichelzellen wohl ohne Zweifel angesehen werden müssen (Fig. 10 A). Nach vorn stossen sie an das leichte Gewebe des später zu besprechenden Fettkörperlappens des Kopfes, nach hinten an das untere Schlundganglion; zwischen die einzelnen Speichelzellen hinein aber treten feine, quergestreifte Muskelfasern und zwar sowohl an die vordere, wie an die hintere Pharynxwand: die Dilatatores pharyngis (dph), Muskeln, welche die active Erweiterung des Schlundes an jeder Stelle möglich machen.

Vorn entspringen sie von einem in die Körperhöhle vorspringenden Chitingrath, hinten — wo sie in der Figur nur wenig frei liegen — scheinen sie vom Neurilemm des untern Schlundganglion zu kommen oder vielleicht auch vom Chitingerüst, auf welchem die Mandibel articulirt. Ihr Ansatzpunct lässt sich hier nur aus ihrer Richtung errathen, während man vorn deutlich sieht, wie der Muskel mit seiner Spitze entspringt und nun in sieben bis zehn feine Muskelbäuche sich spaltet, welche fächerförmig divergirend zwischen je zwei Speichelzellen eintreten und sich bis zum Grund derselben verfolgen lassen, wo sie in der dünnen Bindegewebsschicht, welche auch hier, wie bei der Speiseröhre, die Längsmuskeln umgiebt, enden.

Der letzte Abschnitt des Darms, das kurze und dünne Rectum besitzt wie der Pharynx eine sehr faltige, also erweiterungsfähige Intima, darüber eine schmale Zellenschicht und — wie man nach längerer Einwirkung verdünnter Essigsäure sieht — eine sehr entwickelte Ringfaserschicht. Was aber am meisten an ihm auffällt, sind eine Menge schmaler Stäbe, welche von beiden Seiten her sich an den Mastdarm befestigen. Es sind dies quergestreifte Muskeln, Dilatatores recti (Fig. 10 dr), bestimmt, die active Erweiterung des Mastdarms zu vermitteln, wie dies N. Wagner bereits richtig erkannt hat.

Diese ziemlich starken Muskelbänder liegen reihenweise hintereinander, etwa wie die Sprossen einer Leiter und zwar finden sich jederseits zwei solcher Muskelleitern, von denen die eine schräg vom Rücken, die andere schräg vom Bauch her dem Mastdarm zustrebt. In der Figur ist der Klarheit halber nur je eine Reihe derselben eingezeichnet. Sie entspringen vom Hautskelet und befestigen sich auf der Oberfläche des Rectum.

Besonders zu erwähnen sind noch grosse, runde, kernhaltige Zellen, welche frei auf der Aussenfläche des Rectum zwischen den Ansätzen der Dilatatoren liegen. Ihre Anordnung ist keine bestimmte, meist aber finden sie sich nur auf der vordern Hälfte des Mastdarms, sowie auch auf dem hintersten Theil des Magendarms. Sowohl in Aussehen, als in Lagerung erinnern sie sehr an die grossen Anheftungszellen der »Flügelmuskeln« des Insectenherzens. Wagner stempelt sie zu »Drüsen, welche den Harn absondern« und verleibt sie der Wand des Rectum selbst ein, wo sie auf seiner Tafel I, Fig. 6 in regelmässiger Anordnung aufs Schönste arrangirt kaum noch ihr wahres Aussehen ahnen lassen.

Die physiologischen Vorgänge können vortrefflich am Darmtractus des lebenden Thieres beobachtet werden.

Die Verdauung geschieht im Magendarm, dort findet die Chymusbereitung und die Aufsaugung statt und zwar in der ganzen Länge desselben in ganz gleicher Weise, so dass man also nicht etwa die vordere Hälfte des Organs als die verdauende, die hintere als die resorbirende betrachten darf, oder umgekehrt. Nicht selten findet man zwar nur die hintere Hälfte der Wandung mit resorbirtem Fett gefüllt, während die vordere ganz klar ist, es rührt dies aber nur davon her, dass die aufgenommene Nahrung nicht ausreichte, um den ganzen Darm zu füllen. Sobald das gesammte Lumen des Organs mit Nahrung angefüllt ist, findet man nach geschehener Chymification auch die ganze Darmwand bis zum Oesophagus hin mit Fetttröpfchen gefüllt.

Die Nahrung der Leptodora besteht in verschiedenen andern Crustaceen, hauptsächlich wohl in Cyclopiden, welche in ungeheurer Masse in denselben Wasserschichten mit ihr zusammenleben, doch habe ich sie auch mit Daphnia Pulex und mucronata gefüttert und sie wird auch Insectenlarven nicht verschmähen. Das Zerreissen ihrer Beute, von welchem oben die Rede war, lässt sich nicht wohl direct beobachten, kann aber daraus erschlossen werden, dass man niemals ganze Thiere oder grössere Stücke im Magen findet, sondern immer nur kleine Fetzen.

Dass der Verdauungssaft blos von der als Speichelzellen gedeuteten Zellenlage des Schlundes secernirt werde, wie ich dies früher für die Larve der Corethra plumicornis nachwies, glaube ich nicht. Vielmehr deuten die unten näher anzuführenden Versuche mit Carminwasser entschieden auf die Secretion einer schleimigen Masse durch die Magenzellen hin, da bei leerem Magen die durch Wasseraufnahme vom Rectum her eingetretenen Carminkörnchen zu schleimigen Fäden zusammenkleben, während die durch den Mund aufgenommenen Carminkörnchen im ganzen Oesophagus frei hin- und herschwimmen.

Die Resorption des Chymus lässt sich Schritt für Schritt verfolgen. Die Fettkugeln des Chymus treten zuerst dicht an die Intima heran und bilden da eine geschlossene Lage. Dann bemerkt man jenseits der Intima sehr viel feinere, körnchenähnliche Fetttröpfchen, die später wieder zu grösseren Tropfen zusammenfliessen, zuerst aber noch in der innern Zellenhälfte bleiben, bis sie durch neuen Nachschub verdrängt, weiter nach aussen rücken und so allmälig die Zelle mit ein oder zwei grossen Fetttropfen füllen (Fig. 14 *A* und *B*), und das blasse Protoplasma der Zelle beinah ganz verdecken. Auf welche Weise die Intima passirt wird, konnte ich nicht feststellen, auch bei der stärksten Vergrösserung, welche sich zur Beobachtung anwenden liess (Hartnack Ocul. 2, Syst. 7.), konnte ich niemals Körnchen innerhalb der Intima erkennen.

Gewöhnlich befinden sich die verschiedenen Abschnitte des Magendarms gleichzeitig in verschiedenen Stadien der Aufsaugung und man sieht dann z. B. vorn die Fetttropfen bereits bis dicht unter die Muskelschicht in den Zellen vorgerückt, während sie hinten noch gar nicht die Intima passirt haben und in der Zwischengegend alle Zwischenstadien vertreten sind.

Ist der Darm in voller Aufsaugung begriffen, so lässt er sich schon mit blossem Auge als ein kreidig-weisser Zapfen sehr leicht erkennen und erleichtert dann das Auffinden des sonst so schwer sichtbaren Thierchens sehr bedeutend.

Was die zweite Function des Darmtractus betrifft: die Athmung, so hat zuerst LEREBOULLET auf eine »respiration anale« bei Daphnia und Limnadia aufmerksam gemacht und auch LEYDIG[1]) fasste das »regelmässige sich Oeffnen und Schliessen der Afterspalte, wodurch ein fortwährendes Aus- und Einströmen von Wasser unterhalten wird« als Respirationsprocess auf. Doch scheint die Darmathmung bei den übrigen Daphniden in geringerem Grade ausgebildet zu sein, als bei Leptodora[2]).

Hier findet sie nämlich, wie ich mich wiederholt überzeugt habe, in der ganzen Länge des gesammten Nahrungskanals statt. So lange der Magen leer ist, geht ein continuirlicher Wasser-

---

[1]) A. a. O. pag. 58.
[2]) Neuerdings finde ich, dass auch bei Daphnia abwechselnd durch den Mund und durch den After Wasser geschluckt und wieder ausgestossen wird und ich vermuthe, dass es bei Branchipus Apus und Verwandten nicht anders sein wird, während ich weder bei Amphipoden, noch bei erwachsenen Decapoden Darmathmung beobachten konnte. Man würde deshalb die Branchiopoden bezeichnender Branchenterα nennen.

strom in der Richtung von hinten nach vorn durch den ganzen Tractus hindurch. Man sieht wie der After sich in regelmässigen Zwischenräumen öffnet und wieder schliesst, sieht den aufgenommenen Schluck Wasser durch den Mastdarm gleiten, wobei die Dilatatoren desselben die Rolle der Saugpumpe übernehmen, die Ringmuskeln aber die der Druckpumpe. Der Magendarm selbst, auch wenn er vollständig leer von Nahrung ist, zeigt niemals zusammengefallene Wände, sondern stets ein weites, also mit Wasser gefülltes Lumen und befindet sich in weit lebhafterer antiperistaltischer Bewegung, als während der Verdauung. Ununterbrochen laufen grosse Contractionswellen über seine Oberfläche hin, oft fünf bis sechs gleichzeitig, so dass seine Contouren eine stark geschwungene Wellenlinie darstellen (Fig. 1 Md).

Aber auch der Oesophagus nimmt an diesem Athmungsprocess thätigen Antheil. Schon Lilljeborg spricht von ihm als »semper motus peristalticos praebens«, ohne indessen auf die Bedeutung dieser stetigen peristaltischen Bewegungen näher einzugehen.

In der That befindet sich dieses Organ meistens in Bewegung, wenn dieselbe auch weniger auffallend ist, als beim Magendarm. Auch hier sieht man am unverletzten und nicht vom Deckglas zusammengedrückten Thier niemals das Lumen zusammengefallen, sondern die Wandungen stehen weit auseinander und schliessen sich nur momentan, wenn eine Contractionswelle vorüberzieht. Der Oesophagus ist also ebenso wie der Magendarm stets mit Wasser gefüllt, welches stets durch Contractionen seiner Längsmuskeln in Fluss erhalten wird und zwar theils in der Richtung von hinten nach vorn — so wahrscheinlich immer, wenn der Magen leer ist — theils in umgekehrter Richtung.

Beides konnte ich durch das Experiment feststellen. Bringt man nämlich eine Leptodora mit leerem Magen in Wasser, welchem Carmintheilchen beigemengt sind, so findet man sehr bald schon rothe Carminstreifen vom hintern Ende des Magendarms mehr oder minder weit nach vorn hinziehend. Eine ganz freie Bewegung der Carmintheilchen wird durch den Schleim verhindert, der meist im Magen sich findet, so dass ich sie niemals über das vordere Ende des Magens in den Oesophagus hinaus vordringen sah.

Bringt man aber ein Thier mit ganz oder theilweise gefülltem Magen in Carminwasser, so findet man den Oesophagus mit Carmintheilchen besetzt, die bei jeder Contractionswelle lebhaft hin- und hergetrieben werden und bei nicht ganz vollem Magen bis in diesen hineingelangen. An solchen Thieren habe ich auch direct das Wasserschlucken mit dem Munde beobachtet und die einzelnen Schlucke durch den ganzen Oesophagus bis gegen den Magen hin verfolgen können.

Auch hier ist der Vorgang rythmisch, und der Schlund mit seinem Sphincter oris, seinen Längsmuskeln und Dilatatoren spielt genau dieselbe Rolle, wie vorher der Mastdarm. Natürlich muss bei vollem Magen das durch den Mund eingepumpte Wasser auch durch diesen wieder entleert werden. Es kann also der respiratorische Wasserstrom sowohl beim Vorderdarm, als beim Mittel- und Hinterdarm in beiderlei Richtung hindurchgehen.

Die mitgetheilten Beobachtungen dürften genügen, um darzuthun, dass der Darm von Leptodora nicht nur gelegentlich, sondern ununterbrochen der Athmung dient, dass er somit eben so gut als Respirationsorgan betrachtet werden kann, denn als Verdauungsorgan.

Es ist mir sehr wahrscheinlich, dass nicht nur bei den übrigen Daphniden [1]), sondern auch bei den Phyllopoden der Darm dieselbe Rolle spielt. Der Beobachtung von Lereboullet an Limnadia wurde bereits gedacht; Claus beschreibt bei Apus und Branchipus ganz ähnlich angeordnete Dilatatores recti, wie sie bei Leptodora vorkommen, schreibt ihnen indessen nur die Wirkung zu, »beim Austritt des Darminhaltes die Wandung nach den Seiten zu ziehen und die von klappenförmigen Vorsprüngen des Integuments umgebene Afterspalte zu öffnen«[2]. Für die Entfernung des Kothes wären aber peristaltische Bewegungen des Darmes gewiss völlig ausreichend, das Vorhandensein von Dilatatoren deutet, wie mir scheint, auf eine ansaugende Thätigkeit des Mastdarms, mit andern Worten auf Wasseraufnahme durch den After.

V. Athemwerkzeuge.

Im Widerspruch mit dem Namen eines Branchiopoden besitzt Leptodora keinerlei Kiemenanhänge an den Füssen. Es fehlen sowohl jene zartwandigen beutelförmigen Anhänge, welche so vielen Daphniden zukommen, als auch jene von festem Chitinpanzer gebildeten, gefiederten Platten, deren Deutung als Kiemen von Leydig mit Recht in Zweifel gezogen wurde.

Kiemenanhänge existiren auch sonst nirgends am Körper, offenbar muss die gesammte Körperoberfläche des Thieres der Athmung dienen; die Zartheit des Chitinskeletes wird den Gasaustausch zwischen Blut

---

[1] Siehe die obige Anmerkung.
[2] A. a. O. pag. 31.

und Wasser überall leicht gestatten und man kann bei Leptodora nicht einmal der Schale für die Athmung eine grössere Wichtigkeit beilegen, als der übrigen Körperoberfläche, schon deshalb nicht, weil dieselbe jungen Weibchen und den Männchen jeden Alters bis auf ein unbedeutendes Rudiment fehlt. Ich habe übrigens auch niemals eine besonders lebhafte Blutcirculation in der Schale, oder eine auffallende Anhäufung von Blutkörperchen bemerkt, wie eine solche von Leydig bei andern Daphniden constatirt worden ist.

Ausser der äussern Oberfläche des Körpers athmet aber — wie oben gezeigt wurde — auch die innere, d. h. die Wandung des Nahrungsrohrs, und aus der grösseren Zartheit dieser Respirationsfläche mag wohl auch auf eine noch grössere Intensität des Processes hier geschlossen werden.

VI. Fettkörper.

Bei keinem andern mir in Natur oder in Beschreibung bekannten Cladoceren spielt der Fettkörper eine so bedeutende Rolle, wie bei Leptodora. Zwar besitzen alle »Zellenstränge, oder verästigte, unter einander zusammenhängende Zellen« mit wechselndem Fettgehalt, welche »meist den Nahrungskanal umspinnen« (Leydig a. a. O. pag. 51), aber nur selten sind diese lockeren Bindegewebsnetze von bedeutenderem Volumen und sind wohl auch deshalb von den früheren Autoren nur flüchtig erwähnt worden.

Dass der sehr voluminöse Fettkörper der Leptodora sich ebenfalls bisher einer eingehenderen Beachtung entzogen hat, daran trägt wohl zum grossen Theil seine merkwürdige Durchsichtigkeit — man könnte fast sagen Unsichtbarkeit die Schuld.

Bei Leptodora tritt der Fettkörper nicht in Gestalt feiner Netze auf, welche den Darm umspinnen, sondern in Gestalt dicker und breiter, solider Platten oder Bänder, von welchen je eines im Abdomen zu beiden Seiten des Nahrungsrohres verläuft (Fig. 17 Fk, Fk'). Diese Platten sind hohlkehlenartig gebogen und umgreifen das Darmrohr am Rücken, wie am Bauch etwas, stehen übrigens von demselben ab, so dass also zwischen Darm und Fettkörper ein freier Raum bleibt, welcher nur in der Mittellinie an Rücken und Bauch mit der übrigen Körperhöhle zusammenhängt. Ein wenig vor dem Rectum enden die Fettkörperbänder mit schräg abgestutztem Ende und scharfer dem Rücken zugekehrter Spitze und hier sind sie durch mehrere sehr feine und blasse Fäden einerseits am Darm, anderseits an der Körperwandung (Hypodermis) befestigt, so dass ihre Lage niemals wechselt (*Fsp*). Es leuchtet ein, dass ein solches cylindrisches, wenn auch nicht völlig geschlossenes Rohr im Innern des Leibes von Einfluss auf die Blutströmung sein muss und es liegt nahe, diese Einrichtung mit der bei Leptodora in so ausgezeichneter Weise ausgebildeten Darmathmung in Zusammenhang zu bringen.

Alles scheint darauf angelegt, das vom hintern Körperende nach dem Herzen zurückströmende Blut möglichst dicht an dem mit Wasser gefüllten Magendarm und Oesophagus vorbei zu drängen. Uebrigens kommt die Bildung dieses perenteralen Rohres nicht ausschliesslich durch den Fettkörper zu Stande, sondern die Musculatur des Körpers nimmt ebenfalls daran Theil und zwar in der Weise, dass die Lücken zwischen den Platten des Fettkörpers durch die Muskeln vollständig ausgefüllt werden. Muskeln und Fettkörper ergänzen sich gegenseitig zu geschlossenen Platten; die Ausdehnung des Fettkörpers in einem Segment steht daher in umgekehrtem Verhältniss zur Menge der Muskeln; im letzten Abdominalsegment, welches nur ein Muskelpaar besitzt, sind die Fettkörperplatten von sehr bedeutender Ausdehnung (Fig. 2 *F*, kürzer und schmäler werden sie schon in den folgenden Abschnitten des Abdomen und in dem an Muskeln sehr reichen Thorax genügte ein schmaler Fettkörperlappen, um die Lücke in der Muskelwandung zu schliessen.

Auch im Kopfe finden sich noch zwei Fettkörperlappen, die auch hier völlig constante, in Lage und Gestalt festbestimmte Gebilde sind. Ich habe sie bei Gelegenheit des Nervensystems schon erwähnt, es sind zwei senkrecht im hintern Theil des Kopfes stehende Platten, um welche die Commissurstränge vom Gehirn zum untern Schlundganglion herumgespannt sind (Fig. 10 *A*, *F*). Von oben oder unten betrachtet erscheinen sie in starker optischer Verkürzung als stark lichtbrechende zellige Massen, welche wohl als Ganglien imponiren können und von den frühern Beobachtern auch für solche genommen wurden (Fig. 1 *A*, *F*).

Sie zeigen im Wesentlichen den histologischen Bau des Fettkörpers, wenn auch das Fett meist nur schwach in ihnen vertreten ist. Ihre eigenthümliche Lagerung lässt mich annehmen, dass auch sie wesentlich dazu beitragen, dem Blute seine Bahnen zu weisen.

Sie sind nämlich wie eine spanische Wand oder wie ein Oelbild in einem Rahmen ausgespannt, der hinten von der Schlundwand, vorn von dem von der Kopfdecke gerade herabsteigenden Levator labii superioris, unten von der Oberlippe selbst und oben von dem schräg nach vorn aufsteigenden Levator Pharyngis gebildet wird. Sie stehen zugleich nicht genau in der Längsachse des Thieres, sondern weichen nach vorne auseinander. Da nun an ihrem hintern Rande die Aorta aufhört, und sich vermuthlich mit trichterförmiger Erweiterung an die Fettkörper-Wände befestigt, so bilden also diese nichts anderes, als eine Fortsetzung der Aorta, wie man denn auch direct beobachten kann, dass der Blutstrom an dieser Stelle in den Kopf eintritt.

Histologisch besteht der Fettkörper der Leptodora, ebenso wie der der übrigen Cladoceren der Copepoden und der höheren Krebse aus Bindegewebe, d. h. aus einem Gewebe, welches neben Zellen auch Intercellularsubstanz aufweist. Letztere tritt indessen mit Ausnahme der zuletzt beschriebenen Fettkörperlappen des Kopfes so sehr zurück gegen dicht gedrängte, grosse, rundliche oder selbst polygonale Zellen, dass das Aussehen der Fettkörperlappen sehr an die rein zelligen Fettkörperlappen vieler Insecten (z. B. der Muscidenlarven) erinnert.

Besonders auffallend ist diese Aehnlichkeit an den hintern Enden der Fettkörper-Halbrinnen da hier die Zellen meist unmittelbar an einander stossen und sich sechseckig abplatten (Fig. 1 A, F; Fig. 22 A). Bei Zusatz schwacher Essigsäure treten grosse, bläschenförmige Kerne hervor mit klarem Inhalt und dunkelem Nucleolus, während das Protoplasma der Zelle sich feinkörnig trübt. Ich erwähnte bereits die grosse Durchsichtigkeit des Fettkörpers. In der That lässt er sich in Flächenansicht am lebenden Thier auch bei starker Vergrösserung häufig gar nicht wahrnehmen, sehr wohl dagegen bei Betrachtung von der Kante her, wo er als ein stark lichtbrechendes, etwas unbestimmt begrenztes schmales Band erscheint; so besonders im letzten Abdominalsegment in Bauch- oder Rückenansicht (Fig. 17). Solche Bilder haben offenbar Nic. Wagner verführt der Leptodora »Harnkanäle« nach Art der Malpighi'schen Gefässe der Insecten zuzuschreiben, welche zu beiden Seiten des Magendarms verlaufen und in das Rectum einmünden sollen (Taf. I, Fig. 5 e).

An andern Stellen des Körpers stossen die Fettkörperzellen nicht immer mit ihren Rändern an einander, sondern sind durch eine zarte häutige Intercellularsubstanz verbunden, welche sogar stellenweise maschige Lücken zeigt, also dadurch sich dem entsprechenden Gewebe der übrigen Kruster als gleichwerthig erweist. Besonders deutlich ist die areoläre Beschaffenheit der Intercellularsubstanz da zu erkennen, wo der Rand eines Fettkörperlappens an einem Muskel sich hinzieht (Fig. 22 B). Man sieht dann bei starker Vergrösserung und zwar oft schon am lebenden Thier viele feine Zipfel (z) des Bindegewebes sich an das Sarcolemma des Muskels ansetzen. Kurze Bogen verbinden die Zipfel und die Anheftung einer Fettkörperkante macht daher den Eindruck einer langen Arcade. Von dieser Anheftungsweise rühren auch

die eigenthümlichen regelmässigen Querfaltungen her, welche bei Druck
(z. B. des Deckgläschens) eintreten, besonders leicht an den im Kopfe
liegenden Lappen. Die Falten bilden sich zwischen je zwei gegenüber
liegenden Anheftungszipfeln, weil hier die Spannung am grössten ist.

Wenn ich oben die Bedeutung des Fettkörpers für den Kreislauf
hervorhob, so sollte damit doch der Werth desselben nicht auf diese
Function allein beschränkt werden. Offenbar spielt derselbe auch hier
beim Stoffwechsel eine wichtige Rolle, er dient dazu, wie sich GER-
STÄCKER[1] sehr gut ausdrückt, »die durch die Magenwandungen ausgeschiedenen und in den Körper übergeführten Nahrungsstoffe in sich
aufzunehmen«. Schon LEYDIG giebt an, dass »der Gehalt der Zellen
(des Fettkörpers) sehr wechselt nach Jahreszeit und Lebensverhältnissen
der Thiere«[2] und ich kann hinzufügen, dass er sogar fortwähren-
den täglichen Schwankungen unterworfen ist, je nach
dem Stadium, in welchem sich augenblicklich der Er-
nährungsprocess befindet. Bei hungernden Thieren enthalten
die Zellen gar kein Fett, findet dann Nahrungsaufnahme statt, so beginnt sehr bald nach vollständiger Anfüllung der Darmwände auch in
den untern Enden des Fettkörpers das Auftreten von Fetttropfen. Zuerst erscheinen dieselben als rundliche, kleine, farblose Tropfen, die
man leicht für die Kerne der Zellen nehmen kann, so regelmässig liegen
sie in den Zellen vertheilt (Fig. 17). Sehr bald treten dann zwei Tropfen
in jeder Zelle auf, die später bis über Kerngrösse hinaus wachsen können.
Nicht selten beobachtet man auch anderweitige Ablagerungen, wie dies
schon von LEYDIG bei andern Daphniden gesehen worden ist, in Form von
kreisrunden, ovalen oder bisquitförmigen, platten Körperchen, welche
übereinander geschichtet die Zellen erfüllen, den Kern verdecken und
alle durch ein eigenthümliches, vom Fett sich unterscheidendes Lichtbrechungsvermögen, sowie durch die optische Erscheinung eines doppelten Contours ausgezeichnet sind (Fig. 22 B, alb). Die Vermuthung
liegt nahe, sie für Proteinsubstanzen zu halten, durch chemische Reac-
tionen habe ich indessen ihre Natur nicht feststellen können.

Während in der Regel also die resorbirten Stoffe innerhalb der
Zellen abgelagert werden, kommen sie zuweilen auch in der Intercellular-
substanz vor. Einmal beobachtete ich, dass das Fett nicht in einzelnen
Tropfen, sondern als zusammenhängendes Netzwerk in den hintern
Fettkörperlappen auftrat und zwar lagen hier die flüssigen, farblosen

---

[1] BRONN's Klassen und Ordnungen des Thierreichs, fortgesetzt von Dr. A.
GERSTÄCKER, Bd. V, p. 662.
[2] A. a. O. p. 54.

Fettströme nicht innerhalb der Zellen, sondern um dieselben herum, so dass die Zellen wie Inseln in einem Fettmeer sich ausnahmen (Fig. 22 C). Es ist mir indessen nicht klar geworden, welche Bedeutung dieser ungewöhnlichen Art der Fettabscheidung etwa zukommen könnte.

Im Allgemeinen geht aus den Beobachtungen an Leptodora hervor, dass der Fettkörper keineswegs vorwiegend als die grosse Vorrathskammer zu betrachten ist, in welcher Nahrungsstoffe für spätere Zeiten aufgespeichert werden. Diese Rolle spielt er allerdings bei solchen Thieren, in deren Entwickelung Ruhezustände mit Aussetzen der Nahrungsaufnahme vorkommen, also vorzüglich bei den Insecten mit vollkommener Metamorphose, oder auch bei den Cirripedien, welche während ihres Cypris-Stadium's ebenfalls keine Nahrung zu sich nehmen, allein bei den übrigen Krebsen muss seine Bedeutung in der Gegenwart, sie kann nicht in einer Vorsorge für die darbende Zukunft liegen. Die meisten Leptodoren zeigen schon zwei oder drei Tage nach der letzten Mahlzeit kein Fett mehr im Fettkörper, ein Beweis, wie rasch die dort deponirten Stoffe wieder verbraucht werden.

Vielleicht darf man sich den Vorgang so vorstellen, dass die durch eine einmalige Verdauung in die Darmwand eingedrungenen, im Blute löslichen Nährstoffe nur bis zu einem bestimmten Betrage — bis zur Sättigung — vom Blute wirklich aufgenommen werden, ein Ueberschuss aber nur dadurch gelöst werden kann, dass ein Theil der im Blute gelösten Stoffe sogleich vom Fettkörper aufgenommen und so lange abgelagert wird, bis der Stoffwechsel das Blut wieder ärmer an Fett- und Eiweissstoffen gemacht hat und nun die Ablagerungen wieder ins Blut zurückkehren.

Dass niemals ein directer Uebertritt von Stoffen aus der Darmwand in den Fettkörper stattfindet, versteht sich von selbst, es geschieht stets nur durch Vermittelung des Blutes; um so auffallender muss es erscheinen, was ich oft beobachtet habe, dass immer die dem Magendarm zunächst liegenden Fettkörperlappen sich bei der Verdauung zuerst mit Fett füllen, erst später die ferner liegenden.

VII. Circulationsapparat.

Das Herz liegt im Thorax und zwar in der Mittellinie des Thieres am Rücken. Es ist eiförmig, vorn quer abgestutzt und hier mit weiter kreisförmiger Ausströmungsöffnung (Oa) versehen, durch welche das Blut in einen geräumigen Bulbus arteriosus gelangt, dessen verjüngtes vorderes Ende erst sich in die Leibeshöhle öffnet. Hinten wird das

Herz in der Mittellinie durch einen dreieckigen Muskel an einer vorspringenden Leiste des Skeletes befestigt und zu beiden Seiten dieses fixirten Punctes liegen schräg gestellt die beiden venösen Oeffnungen, durch welche das Blut einströmt (Fig. 18 *Ov*).

Der Bau des Herzens liegt bei dieser grössten aller Daphniden so klar vor, wie bei keiner andern und lohnt deshalb ein genaueres Eingehen.

Das Organ ist am lebenden Thier so klar und durchsichtig, dass man Nichts davon sieht, als die Musculatur. Diese besteht aus feinen langen Fasern, welche fast wie Fassreifen in weiten Abständen das Herz umspinnen und in vier unregelmässigen Längslinien miteinander anastomosiren: am Rücken, Bauch und an beiden Seiten. In diesen Linien stossen die Muskelreifen entweder in spitzen Winkeln oder in Bogen aufeinander, so dass an der Verschmelzungsstelle ein längslaufendes Muskelband entsteht, welches indessen selten regelmässig, meist zickzackförmig, und kleinere Maschen einschliessend gestaltet ist. Nicht selten kreuzen sich auch zwei Muskelreife, ohne zu verschmelzen, so zwar, dass der eine dicht über dem andern hinläuft (Fig. 15). Das Herz ist somit von einem weitmaschigen Netz feiner Muskelbalken umsponnen, dessen Maschen langgestreckt und meist quer gerichtet sind zur Längsachse des Herzens. Nur gegen das hintere Ende gehen die Maschen allmälig in die Längsrichtung über, die sie an den meniscusförmigen, grossen venösen Spaltöffnungen vollständig erreichen (Fig. 18). Diese Oeffnungen — nur in der Seitenlage des Thieres sichtbar — lassen erkennen, dass die Wandung des Herzens saumartig nach innen umgeschlagen ist, indem ausser den oberflächlich gelegenen, die Lippen der Oeffnung bildenden Muskelreifen (*le*) noch tiefer gelegene vorhanden sind, die als innere Lippen (*li*) den Schluss der Spalte vervollständigen.

Die Klappe bildet einen tief in das Herzlumen hineinhängenden Sack (Fig. 20), dessen beide Wände auch bei voller Diastole (Fig. 19 *A, tc'* trichterartig nach innen convergiren, bei voller Systole aber mit ihren Flächen sich aneinanderlegen. Bei chloroformirten Thieren schlägt das Herz oft so langsam, dass man genau beobachten kann, wie die Systole in zwei Tempi zu Stande kommt: 1) Schluss der innern Lippen der Klappe (Fig. 19 *B*), während die äussern noch geöffnet bleiben, 2) Schluss der äussern Lippen.

Auch die arterielle Oeffnung der Herzens ist durch eine Klappe schliessbar, welche indessen nach ganz anderm Princip gebaut ist, nämlich nach dem des einfachen Klappenventils. Fig. 18 zeigt die Klappe (*Kl*) am Beginn der Systole. Während der Diastole hängt sie als ein breit lanzettförmiges Blatt, welches einen Kern enthält und wohl als Zelle aufzufassen ist, von der oberen Herzwand senkrecht herab und verschliesst so das Ostium. Weiter zurück, in das Herz hinein kann sie nicht umschlagen, da ein feiner Faden (*f*) ihre Spitze an der untern Wand des Bulbus befestigt. Derselbe Faden verhindert aber auch das Umschlagen der Klappe nach vorn, wenn dieselbe durch den Blutstoss vom Herzen her aufgestossen wird. Demselben Zweck dienen ausserdem noch feine Muskeln (*Mkl*), welche vom Herzen her sich an den Stiel der Klappe inseriren und bei der Systole die ganze Klappe rückwärts ziehen.

Die Erweiterung des Herzens geschieht durch besondere »Flügelmuskeln«, welche sich an das hintere Herzende von oben und unten her ansetzen (Fig. 15 und 18 *dc*). Ausser diesen grossen, dreieckigen Muskeln finden sich aber noch eine Anzahl feiner, nur an den Enden ein wenig verbreiterter, Fäden (Fig. 18 *dc'*), welche ich auch für Dilatatoren des Herzens halte, während andere, noch feinere und an den Ansatzpuncten nicht verbreiterte Fäden wohl blosse Ligamente sind, bestimmt das Herz an der Haut oder den Chitingräten des Endoskeletes (Fig. 18 *ch"*) zu befestigen. Querstreifung konnte ich übrigens auch bei den Bändern nicht entdecken, welche ich für wirkliche Dilatatoren halte. Sie sind indessen auch sehr viel zarter und dünner als die Musculi Constrictores, bei welchen die Querstreifung schon am lebenden Thier leicht zu constatiren ist.

Histologisch besteht das Herz aus einer glashellen Membran, welche von den Constrictoren umsponnen wird und wohl bindegewebiger Natur sein muss, da sie eine Cuticularbildung nicht sein kann. Uebrigens lassen sich weder Kerne, noch Zellen, noch Faserzüge, oder irgend eine Andeutung von Structur an ihr erkennen.

Aus derselben glashellen Membran, aber ohne darüberliegende Muskelschicht besteht die kurze Aorta, welche sich an das Herz anschliesst. Dieselbe beginnt mit einer geräumigen, zwiebelförmigen Auftreibung, dem Bulbus Aortae (*Ba*) und verengt sich dann zu einem Rohr (Fig. 18 *Ao*), welches in den Kopf eintritt und hier mit weiter, wahrscheinlich trichterförmiger Oeffnung endet. Direct kann man diese zwar nicht sehen, allein man kann die Aorta oft deutlich bis zum Knie des Oesophagus verfolgen und ich habe einmal bei einem an Blutkörperchen ungewöhnlich reichen Individuum sehr deutlich beobachten können, wie von diesem Puncte aus das Blut wie aus einem Rohr in die Kopfhöhle einströmt. Man sah die Blutkörperchen eng zusammengedrängt in dünnem Strahl heftig hervorgeschleudert werden, wobei sie sich zugleich nach allen Seiten von einander entfernten und in die Kopfhöhle ausstrahlten.

Wie bei den übrigen Daphniden, so liegt auch hier das Herz in einem von der übrigen Leibeshöhle getrennten Raume, einem venösen Sinus, der sich besonders in der Rückenansicht des Thiers sehr gut erkennen lässt. Derselbe scheint nur nach hinten zu offen zu sein, denn allein hier strömt Blut in ihn hinein, an den Seiten wird er durch das Excretionsorgan (die sog. Schalendrüse) begrenzt, nach unten von der Speiseröhre, welche übrigens so wenig, als das Excretionsorgan an der Bildung ihrer Wandung Antheil hat. Diese wird vielmehr theils von den Muskeln des Thorax gebildet, theils vom Fettkörper.

Das Blut der Leptodora ist farblos und die Zahl der Blutkörperchen wechselt sehr bei verschiednen Individuen, ist aber im Ganzen eine geringe. Nicht selten sieht man sie trotz lebhafter Herzbewegung nur ganz vereinzelt in der Leibeshöhle dahinschwimmen. Die Blutkörperchen, ebenfalls farblos, sind kleine rundliche oder in eine oder mehrere Spitzen ausgezogene, ziemlich stark lichtbrechende Klümpchen, an denen ein Kern am lebenden Thier nicht zu erkennen ist. Nach Behandlung mit Ueberosmiumsäure tritt der Kern hervor (Fig. 21) in welchem sich ein noch dunkler gefärbtes Kernkörperchen verbirgt. Nicht selten nimmt man Theilungserscheinungen wahr, zwei Kerne und Bisquitform der Zelle.

VIII. Excretionsorgan. (Schalendrüse.)

In dieser Ueberschrift ist der Inhalt dieses Abschnitts schon in nuce angegeben, der wesentlich darin besteht, in der bisher so räthselhaften und so vielfachen Deutungen unterworfenen »Schalendrüse« der Cladoceren die Niere, das Excretionsorgan dieser Thiere nachzuweisen.

Die »Schalendrüse« erhielt ihren Namen von ihrer Lage zwischen den beiden Blättern der Schale, also im Binnenraum derselben. Bei Leptodora besitzt nur der hinterste Abschnitt des Organs diese Lage, der grösste Theil desselben aber liegt in der Leibeshöhle selbst und zwar im Thorax den es seiner ganzen Länge nach durchsetzt und mit seinem vordern Ende bis in den Kopf hineinreicht. Es ist paarig vorhanden und liegt unmittelbar unter der Haut des Rückens, über und zu beiden Seiten des Herzens (Fig. 1 A und 3 N).

Topographisch lässt sich das Organ in drei Abschnitte theilen, in den Schaltheil oder die beiden ohrförmigen Drüsenzipfel (Fig. 11 lO, mO; den Thoracaltheil (grD) und in den Kopftheil oder Ausführungsgang (A). Ich gebe die nähere Beschreibung nach dieser äusserlichen Eintheilung, eine bessere, auf den Bau und die Function der Drüse selbst begründete, wird sich dann daraus von selbst ergeben.

Der Schalentheil der Drüse fällt leicht ins Auge. Bei beiden Geschlechtern sieht man von der Wurzel der Schale aus auf beiden Seiten der Mittellinie einen kurzen, ohrförmigen Zipfel in das weite Lumen der Schale frei hineinragen und bei genauerer Betrachtung, besonders in der Rückenansicht, erkennt man leicht, dass ein jedes dieser Ohren wieder selbst aus zwei nebeneinanderliegenden Zipfeln besteht, welche mit ihren Spitzen fast gleich weit nach rückwärts in den Binnenraum der Schale hineinragen (Fig. 11 und 15 mO, IO). Beide sind blattförmig und aufrecht gestellt, so dass also ihre Flächen in der Seitenansicht des Thieres sich darbieten, ihre Kanten in der Rückenansicht. Uebrigens stehen sie nicht genau in der Längsrichtung des Thieres, sondern convergiren mit ihren Spitzen gegen die Mittellinie hin. Von den bisherigen Beobachtern hat nur N. WAGNER diese Verhältnisse insoweit richtig angegeben, als er Taf. IV, Fig. 2) auf einer seiner Abbildungen jederseits zwei Zipfel einzeichnet.

Die geschilderten Theile verhalten sich sowohl in Grösse, als Lagerung bei beiden Geschlechtern vollkommen gleich, ihre Ausbildung hängt also nicht von der Entwickelung der Schale ab, die beim Weibe riesig gross ist im Verhältniss zu den in sie hineinragenden Ohren des Excretionsorgans, während sie beim Manne rudimentär bleibt und nur um Weniges länger ist, als diese Ohren (Fig. 15).

Schon im äusseren Ansehen unterscheiden sich die beiden Ohren sehr wesentlich. Das äussere (laterale, IO) ist hell, klar, scheinbar aus wasserhellen grossen Blasen zusammengesetzt, das innere (mediane mO) scheint mehr opac, lässt sehr leicht seine Zusammensetzung aus knäuelförmig gewundenen hohlen Schläuchen erkennen, deren Wandungen im optischen Querschnitt durch starkes Lichtbrechungsvermögen auffallen.

Auch in der Form unterscheiden beide sich etwas, der laterale Zipfel ist zungenförmig, der mediane fast rhombisch gestaltet, Ersterer besteht aus einer Wandung und einem einfachen Lumen, Letzterer aber ist von verwickeltem Bau.

Der mediane Lappen besteht aus drei über- und nebeneinander hinziehenden drüsigen Schläuchen mit dicken Wandungen und weitem Lumen, von denen sich mit Sicherheit nachweisen lässt, dass sie nur die drei Schenkel eines einzigen, in weiten Windungen aufgerollten Schlauches sind. In der Rückenansicht fällt allerdings die Verfolgung dieser Windungen schwer, aber in der Seitenansicht, noch besser in der Zwischenlage zwischen Seiten- und Rückenansicht erkennt man, dass an der Basis der Schale der Schlauch ganz oberflächlich eintritt, sehr bald dann sich in die Tiefe senkt, um erst an der Spitze im Bogen wieder nach oben und sodann in spitzem Winkel nach vorn umzubiegen und bis zur Eintrittsstelle zurückzulaufen, dort aber dicht unter dem Schenkel 1 in kurzem Bogen wieder umzuwenden und als Schenkel 3 innerhalb der von den Schenkeln 1 und 2 gebildeten Schlinge nach hinten zu laufen und mit blindsackförmiger Erweiterung scheinbar zu enden (Fig. 12 1, 2, 3).

Die Endigung ist nur scheinbar, denn von hier führt seitlich ein dünnwandiger, schmälerer glasheller Gang (Vg) aus dem Blindsack hinaus und schräg nach vorn gerichtet zum lateralen Lappen hin, in welchen er einmündet. So hängen also die beiden ohrförmigen Lappen unmittelbar zusammen, der laterale Lappen ist nur die Fortsetzung des medianen, er ist das blinde Ende des ganzen Organs.

Histologisch besteht der laterale Zipfel aus einer zelligen Wand, deren Zellen aber nicht dicht aneinander liegen, desshalb auch nicht gerade, senkrecht auf das Lumen stehende Seitenwände besitzen, sondern halbkuglig in das weite Lumen vorspringen (Fig. 15). Sie sind von sehr verschiedener und besonders in dem vorderen, runden Ende sehr bedeutender Grösse. Man erkennt schon beim lebenden Thier an ihnen einen feinen, doppelten Contour und einen wasserklaren Inhalt, der helle, klare Kern mit Nucleolus tritt erst bei Essigsäurezusatz hervor (Fig. 15 k). Von der Fläche gesehen, erscheinen diese Zellen kreisrund (Fig. 12 z).

So uneben die innere Oberfläche dieses Drüsenlappens ist durch die ungleich grossen, in das Lumen vorspringenden Zellen, so glatt und eben ist die äussere Oberfläche. Eine feine, glashelle, wahrscheinlich structurlose Haut überzieht hier die Zellen und steht an verschiednen Stellen durch feine, bindegewebige Stränge in Verbindung mit der Hypodermis der Schale, an welcher also das Organ gewissermassen aufgehängt ist.

Der Verbindungsgang zwischen lateralem und medianem Lappen besitzt eine sehr dünne, helle Wandung und relativ weites Lumen.

Von seiner Einmündung in den medianen Lappen an, ändert sich der histologische Bau. Die vorher wasserklare Wandung des Drüsenschlauchs wird jetzt opaker und stark lichtbrechend, die Zellen der Wandung rücken dicht aneinander und sehen im optischen Querschnitt cylindrisch, von der Fläche aber ziemlich regelmässig polygonal aus.

Am lebenden Thier lässt sich allerdings die Gestalt der Zellen so

wenig erkennen, als ihr kreisrunder Kern, wohl aber unmittelbar nach
dem Absterben des Thiers oder nach Zusatz von Essigsäure.

Eine Intima habe ich hier nicht erkennen können und sie wird auch
wohl fehlen, da sie in dem folgenden geradegestreckten Theil des
Drüsenschlauchs fehlt, während dieser im Uebrigen ganz denselben
Bau aufweist, wie der schlingenförmige Theil. Dieselben, nur dem bedeu-
tenderen Durchmesser des Schlauches entsprechend grösseren Zellen mit
klaren, kugligen Kernen bilden hier wie dort die Wandung und zeigen
unter den erwähnten Verhältnissen sehr deutlich ihre unregelmässig polygonale geschweifte und in Spitzen ausgezogene Gestalt (Fig. 12 grD).
Sie geben fast genau dasselbe Bild, wie es Heidenhain[1] von den Sam-
melröhren aus der Niere von Säugethieren kürzlich dargestellt hat.

Während nun eine Intima vollständig fehlt, findet sich aussen
auf den Zellen als Scheide des Drüsenschlauchs eine sehr dünne Membran, in welcher weder Kerne liegen, noch irgend andere Structurtheile
zu erkennen sind und die deshalb wohl als Cuticularbildung aufzufassen sein wird.

Längere Zeit hindurch schrieb ich ihr indessen eine Structur zu
und zwar eine sehr eigenthümliche und auffallende.

Bei Anwendung starker Vergrösserung (Hartnack System VII oder
VIII) zeigt sich nämlich, oft schon am lebenden Thier, deutlicher aber
nach Behandlung mit Essigsäure oder nach schwacher Färbung mit
Ueberosmiumsäure auf der Oberfläche des Drüsenschlauchs eine ver-
wickelte dendritische Zeichnung, zusammengesetzt aus feinen Doppel-
linien, welche theils in wellenförmigen Biegungen um verschiedene
Centren herumlaufen, dabei vielfach sich gablich verzweigen und wieder
zusammenstossen, theils in vielen Parallelzügen mehr in der Quer- oder
Längsrichtung verlaufen. Jede Doppellinie macht durchaus den Eindruck eines Canälchens und man kann sich schwer dem Eindruck ent-
ziehen, als habe man ein Netz feinster Capillarröhrchen vor sich.

Erst später überzeugte ich mich, dass dieses Bild dendritisch ver-
zweigter Röhrchen nicht der Ausdruck einer eigenthümlichen Sculptur
der Cuticularhülle ist, sondern auf die Zellsubstanz selbst zu beziehen
ist, und dass es seine Ursache hat in röhrchen- oder stäbchen-
förmigen Gebilden, welche in den Zellen liegen.

Dieselben sind cylindrische Gebilde von etwa 0,001 Mm. Durchmesser, welche in natürlicher Lage radiär zur Achse des Drüsenschlauchs
stehen also senkrecht auf der äussern Wand desselben. Sie berühren
sich nicht gegenseitig, sondern sind durch eine Schicht Protoplasma getrennt, auf eine Zelle im geraden Theil der Drüse kommen etwa zwan-

[1] Schultze's Archiv Bd. 10, p. 1.

zig Röhrchen, wie man in der Flächenansicht des Organs sehr gut beobachten kann (Fig. 12 bei *grD*), vorausgesetzt, dass kein Druck durch das Deckglas stattfindet, in welchem Fall dann eben jene auffallenden dendritischen Zeichnungen dadurch entstehen, dass die Röhrchen mehr oder weniger umgelegt werden und nun theils in der Längsansicht, theils in den verschiedensten Schräglagen sich dem Auge darbieten, wo denn die optischen Kreuzungen der Röhrchen den Eindruck dentritischer Verästelung hervorbringen.

So bald man jeden Druck sorgfältig vermeidet, sieht man in jeder Zelle eine Anzahl rundlicher Körnchen, wie in Fig. 12, welche nichts Anderes sind, als der optische Ausdruck der in der Verkürzung gesehenen Röhrchen.

Stellt man dann auf den optischen Querschnitt der Drüse ein, so sieht man die Röhrchen in ihrer ganzen Länge (Fig. 16 *B*), welche sich in dem Maasse wieder verkürzt, als man den Tubus wieder hebt und also mehr und mehr schräg stehende Röhrchen in den Focus bekommt.

Die feinere Structur dieser Gebilde lässt sich am besten an sterbenden oder eben abgestorbenen Thieren erkennen.

Man unterscheidet dann bei Anwendung von Hartnack's Immersionssystem Nr. 10 sehr gut eine doppelcontourirte feine Rindenschicht und einen weniger lichtbrechenden wasserklaren Achsenraum (Fig. 16 *B*). Da beide Contouren der Ersteren völlig scharf und rein sind, so ist damit wohl die vorläufige Bezeichnung der Gebilde als Röhrchen gerechtfertigt.

Das Verhältniss der Zellkerne zu diesen Röhrchen lässt sich auf Fig. 12 erkennen, die Letztern umstehen den Kern ohne bestimmte Anordnung, der Kern ist von demselben Protoplasma umgeben, in welchem auch die Röhrchen eingebettet sind.

Bekanntlich hat vor Kurzem Heidenhain in einer vortrefflichen Arbeit über die Niere des Menschen und der Wirbelthiere im Epithel der Tubuli contorti ganz ähnliche Röhrchen oder wie der Verfasser sich ausdrückt »Stäbchen« entdeckt und es kann keinem Zweifel unterliegen, dass diese »Stäbchen« und die »Röhrchen« der Leptodora analoge Bildungen sind.

Wenn ich nun einen Augenblick anticipiren und das Organ der Leptodora als Niere bezeichnen darf, wofür später erst der Nachweis beigebracht werden soll, so ist es gewiss in hohem Grade interessant, dass die Nierenzellen eines Arthropoden dieselbe specifische Structur besitzen, wie die harnsecernirenden Zellen der Niere vieler Wirbelthiere. Von Homologie zwischen beiden Organen kann hier nicht die Rede sein, da Arthropoden und Vertebraten jedenfalls nur auf weitem

Umwege, nicht aber direct genetisch zusammenhängen. Es muss somit der übereinstimmende Bau der Harn-Zellen in der physiologischen Function derselben ihren Grund haben. Allerdings gelang es Heidenhain bei mehreren Wirbelthieren nicht, die »Stäbchenstructur« des harnabsondernden Nierenepithels nachzuweisen, aber sollte es nicht dennoch vorhanden sein und nur durch irgendwelche Besonderheit selbst diesem scharfsichtigen Beobachter entgangen sein?

Dass unter den Crustaceen noch viele Arten die Röhrchen der Nierenzellen aufweisen werden, hoffe ich bei späterer Gelegenheit zeigen zu können, erwähnt sei einstweilen dass ich sie bei Astacus fluviatilis und bei Gammarus bereits aufgefunden habe. An den Malpighi'schen Gefässen der Insecten konnte ich sie dagegen bis jetzt nicht entdecken.

Was nun die Function der Röhrchen bei Leptodora angeht, so wage ich noch nicht, etwas sicheres darüber zu sagen. Leider wurde mir die wahre Bedeutung der dentritischen Zeichnung des Drüsenschlauchs erst sehr spät klar, erst zu einer Zeit, als mein Material an lebenden Thieren zu Ende ging. Sobald ich die Beobachtungen wieder aufnehmen kann werde ich suchen, diese Lücke einigermassen auszufüllen.

Nachfolgende Angaben über die Function des Organs sind gemacht, ehe ich über die Röhrchenstructur völlig im Klarem war, doch dürften sie wohl trotzdem einiges Interesse beanspruchen, weil mit ihnen wohl zum ersten Mal ein Blick in die Thätigkeit einer lebendigen Drüse direct mit dem Mikroskop gethan wird. Allerdings hat F. E. Schulze[1]) seiner Zeit das Ausströmen des Secretes der Schleimdrüsen in der Haut der Fische auch direct gesehen, aber es betrifft dies doch nur den Austritt des Secretes aus dem Ausführungsgang der Drüse; bei Leptodora aber gelingt es, das Secret vom Orte seiner Entstehung, d. h. von den Drüsenzellen aus in das Lumen der Drüse zu verfolgen.

Das mediane Drüsenohr oder der in Schlingen gelegte Theil des Drüsenschlauchs besitzt denselben Bau wie der gerade Theil desselben. Die Röhrchenstructur kommt Beiden zu und ebenso ist das Secret, welches Beide liefern, das gleiche. Die directe Beobachtung der Secretion gelingt indessen leichter an dem weit geräumigeren geraden Theil der Drüse und an diesem sind die folgenden Beobachtungen gemacht.

Einem aufmerksamen Beobachter wird es nicht entgehen, dass die Wandungen, welche im Ganzen auch nach innen eine ziemlich ebne, höchstens leicht wellige Oberfläche zeigen, fast immer an einer oder der andern Stelle stärkere hügelige bis halbkugelige Auftreibungen zeigen,

---

[1] Epithel- und Drüsen-Zellen, Schulze's Archiv Bd. III, p. 137.

und dass diese bald an der oberen, bald an der untern Wand, bald weiter nach hinten, bald mehr nach vorn liegen, ja dass sie bei ein- und demselben Thier, welches man zu verschiedener Zeit beobachtet, verschiedene Lagen einnehmen. Es kommt dazu, dass sich im Innern einer jeden solchen Auftreibung eine grosse, helle, kuglige Blase zeigt, deren Inhalt wasserklar zu sein scheint und welche deutlich von doppeltem Contour umgrenzt wird (Fig. 11 B', B'', D''').

Solche Vacuolen oder besser: Blasen finden sich nun oft nicht blos in den beschriebenen halbkugligen Vorsprüngen der Drüsenwand, sondern überall innerhalb derselben, oft in sehr grosser Anzahl. Sie sind dann auch von der verschiedensten Grösse, bis zu einer Kleinheit, die es nicht gestattet, selbst bei Anwendung von Immersionssystemen sie noch mit Sicherheit von Körnchen zu unterscheiden. Sie liegen dann zerstreut oder in Gruppen enge zusammen gedrängt in der ganzen Dicke der Wandung, im Ganzen aber so, dass nahe der Aussenfläche der Drüse nur wenige und nur kleinere Blasen vorhanden sind, gegen die innere Oberfläche aber ihre Anzahl immer mehr zunimmt, so dass sie dort oft dichtgedrängt unmittelbar unter der äussersten Randschicht der Zellsubstanz angetroffen werden.

Das weite Lumen des Drüsenschlauches ist meist leer von geformten Theilen, zuweilen aber findet man auch in ihm dieselben Bläschen und Körnchen, welche vorher in der zelligen Wandung lagen und in einzelnen Fällen sind ganze Strecken des Lumen vollgepfropft davon. Es liegt also nahe, sie als Ausscheidungen zu betrachten und diese Vermuthung wird durch die Beobachtung bestätigt, denn es ist mir mehrfach gelungen, am lebenden Thier den Austritt der Excretionsbläschen- oder Körnchen aus der Wand in das Lumen zu beobachten.

Ich sah nämlich öfters die innere Oberfläche der Wandungszellen nicht nur durch die geschilderten groben hügeligen Vorsprünge uneben, sondern bemerkte bei stärkerer Vergrösserung, dass der das Lumen begrenzende Contour überhaupt nicht glatt, sondern durch viele kleine Einbuchtungen unregelmässig zackig war (Fig. 16 A). Dabei sah ich die Bläschen und Körnchen theils noch in der Wand, aber zum Austritt bereit und unmittelbar unter dem Contour liegen, theils schon im Lumen, und im letzteren Falle entsprachen die Einbuchtungen des Contours in Form und Grösse genau den losgelösten Bläschen und Körnern, ja zuweilen sassen dieselben noch in den Buchten darin, so dass nicht zu sagen war, ob sie schon ausgetreten waren, oder noch der Wandung angehörten.

Ich glaube, dass solche Bilder kaum eine andere Deutung zulassen als die hier geltend gemachte eines Ausscheidungsprocesses.

Die Zellsubstanz, durchtränkt mit einer Lösung von specifischer chemischer Zusammensetzung sondert aus dieser gewisse Stoffe in Form von Bläschen und Körnchen und presst diese sodann — vermuthlich durch eigene langsame Contractionen — nach der Seite hin, nach welcher sie allein ausweichen können: in das Lumen der Drüse.

Welcher chemischen Natur die ausgeschiedenen Stoffe sind, habe ich leider aus Mangel an Material nicht entscheiden können. Nur soviel kann ich darüber berichten, dass Zusatz concentrirter Essigsäure die Bläschen und Körnchen nicht auflöst. Wenn indessen auch die speciellere chemische Natur vorläufig noch im Dunkeln bleibt, so lässt sich doch ihre allgemeine Beschaffenheit auf anderm Wege höchst wahrscheinlich machen.

Dass dieselben keine Secretionsstoffe sind, geht daraus hervor, dass sie nicht in das Innere des Körpers, sondern nach aussen entleert werden.

Bekanntlich ist der Versuch, die Schalendrüse der Daphniden als Excretionsorgan zu deuten immer an dem mangelnden Nachweis eines Ausführungsganges gescheitert. Eine äussere Mündung wurde von den meisten Beobachtern sogar mit aller Bestimmtheit in Abrede gestellt.

Auch bei Leptodora zweifelte ich lange Zeit am Vorhandensein einer solchen, wie denn auch die früheren Beobachter Nichts davon angeben. Ich sah zwar, dass der mittlere gerade Theil des Organs nach vorne hin sich stark verjüngt, dann dicht hinter dem Kopf unter gleichzeitiger geringer Erweiterung fast rechtwinklig nach oben und vorn umbiegt (Fig. 11) und sich radiär ausstrahlend an die äussere Haut unterhalb der Basis der Ruderantenne ansetzt, allein ich sah auch zugleich, wie der zellige Theil der Wand ein wenig vor der Ansatzstelle das Lumen des Schlauchs schliesst und konnte auf der Haut keine Oeffnung wahrnehmen.

Später erst gelang der Nachweis, dass diese Schliessung des Lumens nur scheinbar ist. Die zelligen Wände des Organs schwellen nämlich an dieser Stelle bedeutend an, so zwar dass sie das Lumen vollständig ausfüllen und also eine Art Klappe (Fig. 11 *kl*) darstellen, welche nur durch einigen Druck von innen her überwunden werden kann. In einem Falle konnte das Austreten des Schlauchinhaltes aus der Oeffnung direct am lebenden Thiere beobachtet werden. Der Inhalt war in diesem Falle ungewöhnlich stark mit Formelementen gemischt (grosse und kleine Bläschen, feine Körnchen) und trat mit grosser Heftigkeit, explosionsartig, aus der Oeffnung hervor.

Diese Oeffnung nun lässt sich bei günstiger Lage auch sonst recht wohl erkennen (Fig. 13). Sie liegt in einer flachen Hauteinsenkung und ist von einer feinen Hautleiste (*Hl*) eingefasst, an welcher sich der zellige Excretionsschlauch mit trichterförmiger Erweiterung befestigt und welcher selbst wiederum durch viele, feine, fadenförmige Zipfel (*Bf*) rundherum an der Hypodermis angeheftet ist.

Diese Zipfel sind keine Muskeln, dennoch kommen aber solche bei der Thätigkeit des Organs mit ins Spiel, indem viel weiter hinten, an der Basis der Schale kleine Muskelbündel vom Excretionsorgan entspringen und schräg nach hinten und unten laufen, um sich an einem eigenthümlich schlingenförmig gekrümmten Chitinring, der zum inneren Skelet gehört, festzusetzen (Fig. 2 *Sch M*). Sollte dieser Muskel dem »Schalenschliesser« der Phyllopoden homolog sein? Ausserdem steigt vor dem Herzen ein pyramidaler Muskel von der Haut des Rückens zur Schalendrüse herab, wie auch der grosse fächerförmige Adductor abdominis zwar nicht von dem Nierenschlauch selbst, aber doch längs seinem untern Rande hin entspringt und eine Wirkung auf ihn ausüben kann. Alle Muskeln zusammen sollten wohl einen ziemlich starken Druck auf das Organ auszuüben vermögen.

Aus dem bisher Gesagten lässt sich von der Thätigkeit der »Schalendrüse« und der Bedeutung ihrer einzelnen Theile etwa Folgendes ableiten.

Die Schalendrüse ist das Excretionsorgan der Leptodora und zwar besteht dasselbe functionell aus drei Theilen: dem Ausführungsgang, dem Harnstoffe absondernden Theil — gerader und schleifenförmiger Drüsenschlauch — und dem Wasser ausscheidenden Theil, dem lateralen Drüsenlappen.

Allerdings mischt sich in diese Auffassung viel Hypothese mit ein. Doch steht fest, dass Stoffe und zwar Bläschen und Körnchen, welche in wasserklarer Flüssigkeit suspendirt sind nach aussen entleert werden. Was sollen dieselben anders sein, als Harnstoffe — das Wort im weitesten Sinn genommen? Wo im ganzen Thierreich werden anderweitige Producte des Stoffwechsels nach aussen entleert, wenn wir von den Geschlechtsstoffen, wie billig, absehen? Es kommt dazu, dass die Endproducte des Stoffwechsels doch jedenfalls gebildet werden, hier wie überall, und dass sie entweder irgendwo anders nach aussen abgeführt oder irgendwo im Innern abgelagert werden müssten, dass aber für beide Möglichkeiten nicht der geringste Anhalt vorhanden ist. Somit glaube ich, dass die Annahme, jene Körnchen und Bläschen seien Harnstoffe, auch ohne chemischen Nachweis eine sehr grosse Wahrscheinlichkeit für sich hat.

Zwischen dem gerade gestreckten und dem in dem medianen Ohr der Drüse schleifenförmig zusammengebogenen Drüsenschlauch scheint keinerlei functioneller Unterschied zu bestehen; der histologische Bau ist derselbe und dieselben Formelemente werden in beiden Theilen abgesondert.

Dafür, dass der grosszellige laterale Drüsenlappen nur Wasser aus dem Blute abscheidet, kann ich nur die beiden Thatsachen anführen: 1) dass man niemals Körnchen oder Bläschen im Lumen findet, sondern stets nur farblose, wasserklare Flüssigkeit und 2) dass ein Gang diesen Lappen mit dem medianen verbindet, dass auch dieser stets mit Flüssigkeit gefüllt ist, also doch wohl dieselbe nach dem medianen Lappen hinleitet.

Sollte Jemand Gefallen an der Behauptung finden, es sei Blutflüssigkeit, was hier in die Niere abflösse, so würde man ihn allerdings aus dem blossen Aussehen derselben nicht widerlegen können, denn auch das Blutplasma ist wasserklar, ich will auch nicht behaupten, dass chemisch reines Wasser hier ausgeschieden werde, — möglich, dass irgend welche Stoffe in ihm gelöst enthalten sind — dass es aber hauptsächlich Wasser ist, was hier aus dem Körper entfernt wird, scheint mir um so wahrscheinlicher als in der übrigen Drüse nur feste Theile ausgeschieden werden, Körnchen und Bläschen (?), welche sich in Wasser nicht lösen.

Sollte nun diese Ansicht von der Function der beiden Drüsenabschnitte richtig sein, so würde damit eine noch auffallendere Analogie mit den secernirenden Elementen der Wirbelthier-Niere statuirt sein, als dies schon durch die Röhrchen-Structur der Nieren-Zellen der Fall ist. Functionell würde der Wasser ausscheidende Drüsenzipfel den Malpighi'schen Kapseln entsprechen, der gewundene und gerade Schlauch den Tubuli contorti, der Ausführungsgang den Tubuli recti.

Ich habe absichtlich meine Ansicht über die Function des fraglichen Organs ausführlicher begründet, weil man mit Recht den Morphologen den Vorwurf macht, nicht selten allzu leichtfertig von der Form auf die Function zu schliessen. Deshalb sei auch noch die eine Frage discutirt, ob nicht etwa diese »Schalendrüse« neben der Bedeutung einer Niere auch noch die eines Athemorgans hat. Bekanntlich ist auch diese Ansicht unter der Voraussetzung des Vorhandenseins eines Ausführungsganges mehrfach und zwar zuerst von Leydig[1] aufgestellt worden. »Sollte nicht am Ende, wenn es sich doch bestätigen liesse, dass das Organ (die Schalendrüse) nach aussen mündet, der gewundene Kanal den Knäueln der »Wassergefässe«, wie wir sie z. B. bei den Hiru-

[1] Naturgeschichte der Daphniden p. 28.

dineen und Lumbricinen sehen, entsprechen?« so fragt Leydig, nachdem er zuvor dem Organ die Bedeutung einer Niere abgesprochen hat, in dem Gedanken, dass die »Wassergefässe« der Würmer Athemorgane seien.

So richtig ich nun auch den Leydig'schen Gedanken einer **morphologischen Gleichwerthigkeit** der »Schalendrüse« und der Segmentalorgane der Würmer halte, so folgt doch daraus noch nicht ihre Gleichartigkeit in physiologischer Beziehung.

Sollten die Segmentalorgane wirklich eine respiratorische Bedeutung haben — was übrigens wohl noch keineswegs fest steht — so würden sie der Schalendrüse nur homologe, nicht auch analoge Organe sein, denn eine **respiratorische Bedeutung kommt dieser sicherlich nicht zu**.

Einmal spricht dagegen der feste Verschluss der äussern Oeffnung des Organs, an der man niemals ein Oeffnen und Schliessen sieht, wie etwa an der Afterspalte. Und doch wäre eine respiratorische Thätigkeit nur denkbar, wenn ein steter oder doch häufiger Wasserwechsel in dem Organ stattfände.

Dann aber fehlt es durchaus an einem dilatatorischen Muskelapparat, der im Stande wäre, die wulstigen, das Lumen des Ausführungsganges völlig schliessenden Wände auseinander zu ziehen. Die Excretionsstoffe überwinden diesen Verschluss, wie die oben mitgetheilte Beobachtung lehrt, durch Druck von innen her, das Wasser aber, welches von aussen eindringen soll, kann nur angesogen, nicht hineingepresst werden.

Auch das Experiment spricht gegen den Eintritt von Wasser.

Bei den Thieren, welche ich mehrere Stunden — bis achtzehn — in Carmin- oder Indigowasser schwimmen liess, fand ich niemals auch nur ein Körnchen Farbstoff im Innern der Niere, wenn auch der Verdauungskanal viel davon enthielt. Es lag dies nicht etwa an der Kleinheit der Ausführungsöffnung, wie man an Fig. 13 sehen kann, wo mehrere Carminkörnchen dicht neben dieser ansitzen (*Ck*).

Schliesslich könnte noch gegen eine respiratorische Nebenthätigkeit der »Schalendrüse« die sehr lebhafte und auf einer so sehr viel grössern Oberfläche stattfindende Darmathmung geltend gemacht werden.

Es bleibt mir noch übrig, die **morphologische Bedeutung** des Organs zu besprechen. Dass ich dasselbe mit Leydig und Claus für das morphologische Aequivalent der Segmentalorgane der Anneliden halte, wurde bereits gesagt. Letzterer Forscher hat in seiner Entwickelungsgeschichte des Branchipus und Apus den sehr interessanten Nachweis geführt, dass bei den Entomostraken zweierlei solche, den

Segmentalorganen homologe Drüsenschläuche vorkommen, welche verschiedenen Segmenten des Kopfes angehören und zu verschiedenen Entwickelungsperioden auftreten. Die vordere, im Segment des zweiten Antennenpaares gelegene, ist im Nauplius-Stadium allein vorhanden und mündet an der Basis der Antenne nach aussen, die hintere gehört dem »Doppelsegment der Maxillen« an, tritt erst in späterer Zeit auf und mit ihrem Auftreten schwindet — wenigstens bei Branchipus — die Erstere. Letztere ist das bisher als »Schalendrüse« bezeichnete Organ von Branchipus, Apus und Limnadia.

Es fragt sich nun, ob die »Schalendrüse« der Leptodora der Drüse des Maxillar- oder der des Antennen-Segmentes von Branchipus und Apus entspricht.

Obgleich volle Sicherheit nur durch die Entwickelungsgeschichte zu erlangen ist, so glaube ich doch, erstere Ansicht vertreten zu können und halte also die »Schalendrüse« von Apus und Leptodora nicht nur im Allgemeinen, sondern auch im Speciellen für homolog, d. h. für das homologe Organ desselben Körpersegmentes.

Allerdings scheint die Mündungsstelle dicht unter der Basis der hintern Antennen dagegen zu sprechen, allein diese Gliedmassen sind hier auch ungemein weit nach hinten gerückt und ein Maxillarsegment, wenn es sich überhaupt erkennen liesse, würde etwa um die Mündungsstelle herum fallen. Dass bei Apus, Branchipus und Limnadia die Mündung der Drüse auf einem besondern cylindrischen Zapfen an der Unterseite des Kopfes, während sie bei Leptodora höher oben an der Seitenwand des Kopfes liegt, kann von keiner morphologischen Bedeutung sein.

Das Entscheidende liegt für mich in der vollkommnen Uebereinstimmung im Bau zwischen der »Schalendrüse« der Daphnien und der Branchiopoden, wie dies bereits von Claus hervorgehoben wurde. Die Uebereinstimmung zwischen den Daphnien ihrerseits und Leptodora ist allerdings keine so vollständige, doch sind die Abweichungen theils aus dem langgestreckten Körperbau des Thieres zu erklären, theils vielleicht aus der doch immerhin unvollkommenen Kenntniss des Organs bei Daphnia, bei welcher ja bis jetzt eine Mündung noch nicht gesehen worden ist.

Dass sie vorhanden sein wird, ist so gewiss, als dass die von Claus beschriebenen durchbohrten Zapfen neben den Maxillen von Apus, Branchipus und Limnadia wirklich den Ausführungsgang der Schalendrüse enthalten, wenn es auch bisher nicht gelungen ist, den Zusammenhang zwischen Drüsenschlauch und Ausführungsgang direct zu sehen.

Der Vermuthung von Claus, dass etwa zwei Schenkel der Drüse

sich zum Ausführungsgang verbinden, kann ich nach dem Bau des Organs bei Leptodora nicht zustimmen, vielmehr vermuthe ich, dass bei Apus Schenkel 1 in den Ausführungsgang sich fortsetzt, während Schenkel 6 das blinde Ende darstellt. Auch bei Limnadia sind sechs Drüsenschenkel vorhanden, wie nach Claus auch bei Daphnia. Leptodora besitzt deren nur fünf, wenn man nämlich den lateralen Lappen und seinen Verbindungsgang mit dem medianen als Schenkel zählt. Dieses erklärt sich leicht aus der unverhältnissmässig starken Entwickelung des Schenkel 1, der gewissermassen bei Fixation seiner Endpuncte, der Mündung und des Schleifentheils der Drüse, durch das Längenwachsthum des Thorax und das Zurückrücken der Schale an den hinteren Thoraxrand in die Länge ausgezogen wurde [1]). Eine genauere morphologische Parallele zwischen den Schalendrüsen der verschiedenen Branchipoden kann übrigens erst gezogen werden, wenn man von allen mit Bestimmtheit sagen kann, welcher Schenkel das blinde Ende ist und welcher sich in die Mündung fortsetzt.

IX. Fortpflanzungsapparat.

Beiderlei Geschlechtsdrüsen liegen im Abdomen, Hoden und Ovarien an der entsprechenden Stelle, nur mit dem Unterschied, dass die Hoden vollkommen symmetrisch gebaut, ja sogar in der Mittellinie miteinander verschmolzen sind, die beiden Ovarien aber eine ganz seltsam asymmetrische Lage besitzen.

Weibliche Geschlechtsdrüsen.

Die Ovarien liegen beide an der Bauchseite des Thiers, unmittelbar unter der Hypodermis, zwischen dieser und der Musculatur und dem mit dieser verbundenen Fettkörper.

Beide Eierstöcke sind dünnhäutige, bindegewebige Schläuche, deren Gestalt von dem Entwickelungszustand der in ihnen eingeschlossenen Eier abhängt.

Der rechte Eierstock (Fig. 23 B, R) liegt im zweiten Abdominalsegment und zwar mit seinem blinden Ende schräg nach hinten und medianwärts gerichtet, während der Ausführungsgang (od) sich an sein vorderes in der Muskel- und Fettkörperlinie gelegenes Ende anschliesst und in spitzem Winkel mit dem Ovarium nach hinten, oben und aussen zieht, um am Vorderrande des dritten Segmentes auf der Haut auszumünden (od').

Der linke Eierstock (L) läuft dem rechten parallel, liegt aber noch

[1]) Siehe über den Jugendzustand der Drüse den Nachtrag zu diesem Aufsatz.

ganz im ersten Segment, und ist mit dem blinden Ende nach vorn gerichtet, weshalb denn auch sein Oviduct in derselben Richtung weiterlaufen und entsprechend dem der rechten Seite ausmünden kann. Die Asymmetrie ist also nur eine scheinbare, offenbar durch mechanische Verhältnisse bedingt, die Oviducte lassen die ursprünglich symmetrische Anlage deutlich erkennen, die nur dadurch gestört wurde, dass der rechte Eierstock sich nach hinten umklappte, vermutblich deshalb weil beide Eierstücke symmetrisch nebeneinander, nicht Platz finden würden zur Entwickelung der Eier.

Was nun diese letztere angeht, so ist sie bereits von P. E. Müller eingehend beschrieben worden und ich kann die Angaben dieses sorgfältigen Forschers im Wesentlichen nur bestätigen.

In der Spitze des Ovariums sieht man in einem sehr blassen, homogenem Protoplasma viele kleine Nucleolus-haltige Kerne eingestreut, erst in einiger Entfernung von der Spitze gelingt es — besonders nach Einwirkung von Essigsäure — Zellkörper um dieselben herum zu erkennen. Wie Müller bereits erkannt hat, liegen in der Spitze keine vorgebildeten Zellen, sondern freie Kerne in Protoplasma eingebettet, und erst bei weiterem Vorrücken bilden sich Zellen durch kuglige Zusammenziehung des Protoplasma's um die Kerne. Ich werde unten auf diesen Punct zurückkommen; hier zuerst die Entwickelung dieser Zellen zu Eiern. Dieselben platten sich dabei gegenseitig ab und in einer etwas grösseren Entfernung von der Spitze sieht man sie in Gruppen zu je vier beisammen liegen, zuerst manchmal mehrere solche Gruppen halb neben- halb voreinander, bei weiterem Wachsthum aber in einfacher Reihe hintereinander.

Auf diese Weise entstehen — ganz ähnlich wie in den Ovarialröhren der Insecten — eine Anzahl von Eikammern, in deren jeder ein Ei sich ausbildet. Auch dort liegen in einer solchen Kammer mehrere Zellen und es ist bekanntlich immer noch Streitfrage, ob die Auffassung von Hermann Meyer und Leydig die richtige ist, nach welcher nur e i n e dieser Zellen Dotter in sich entwickelt und zum Ei wird, während die drei bis fünf andern abortive Eizellen darstellen und durch regressive Metamorphose zu Grunde gehen — oder ob die von Lubbock, Huxley, Bessels und mir vertretene Ansicht Gültigkeit beanspruchen darf, nach welcher alle Zellen der Eikammer das Ei bilden, indem der Kern der e i n e n Zelle zum Keimbläschen wird, die andern aber als Dotterbildungszellen den Dotter liefern.

Falls wirklich der Vorgang bei allen Arthropoden der gleiche sein sollte, was vielleicht bezweifelt werden darf, so würde Leptodora mit voller Sicherheit die Meyer'sche Auffassung als die richtige erweisen, denn hier wird von den vier Zellen jeder Eikammer nur eines zum Ei, die andern drei aber gehen zu Grunde.

Der Vorgang ist von Müller bereits geschildert und in einigen der wesentlichsten Stadien auch abgebildet worden, ich beschränke mich deshalb auf eine ganz kurze Darstellung.

In jungen Eikammern (Fig. 25 *I*, *II*) sind alle vier Zellen vollkommen gleich, alle scheibenförmig, etwa wie dicke und nicht ganz kreisrunde Geldstücke aufeinandergeschichtet, ihr Protoplasma sehr blass und vollkommen homogen, der Kern (Fig. 24 *A*, *n*) oval, bläschenförmig mit derber Wandung, der Nucleolus (*n'*) ebenso und in ihm ein solides, stark lichtbrechendes Körperchen (Fig. 24 *A*, *n''*).

Sehr bald bemerkt man dann in einer der Zellen — und zwar in der zweiten, vom blinden Ende des Ovarium's her gerechnet (Fig. 23 *A*, *eiz*) — sehr feine, blasse Körnchen auftreten; diese vermehren sich und werden später zum Dotter der Eizelle, denn nur diese Zelle wird zum Ei, vergrössert sich rasch, nähert sich dabei immer mehr der Kugelgestalt und füllt sich so dicht mit den Fettkugeln des Dotters, dass das Keimbläschen (der Kern) unsichtbar wird. Vor dem vollständigen Verschwinden desselben sieht man es seine Lage im Centrum des Eies aufgeben und ziemlich nahe der Oberfläche des Eies Stellung nehmen — eine Beobachtung, die auch schon von Müller gemacht wurde. Von dem Augenblick der beginnenden Dotterablagerung in der Eizelle an wachsen die drei andern Zellen nicht mehr, schwinden aber auch nicht gleich, sondern lassen sich noch lange Zeit an den beiden Eipolen nachweisen. Ihr Aussehen verändert sich dabei zuerst gar nicht, wohl aber ihre Gestalt, was in den veränderten Druckverhältnissen seinen Grund haben muss, auch werden sie kleiner, wie besonders daraus zu sehen ist, dass die vorher gleich grossen Zellen jetzt oft ungleich gross sind (Fig. 23 *B*, *abz*). Dotter bildet sich nie in ihnen. Nach Müller werden sie von der echten Eizelle verzehrt, was ich — ohne es bestreiten zu wollen — nicht beobachten konnte. Sie sind abortive Eier und verschwinden zuletzt, ohne dass ich zu sagen wüsste, wo sie hingerathen.

Dieses ist die Entstehung der Sommereier, welche — wie man annimmt — nicht befruchtet werden. Ich habe ihre Bildung übrigens bis zum 18. November beobachtet und schon im September gab es Männchen genug. Müller beschreibt auch die Bildung der Wintereier und bildet ein Ovarium ab, welches sechs fertige, zum Austritt bereite Wintereier enthält. Dieselben unterscheiden sich nach Müller nur durch eine weit dickere Schale von den Sommereiern.

Dieser genaue Beobachter hebt schon sehr richtig hervor, dass bei einem und demselben Weibchen abwechselnd Sommer- oder Wintereier gebildet werden können, also solche, die sich unbefruchtet entwickeln und solche, die der Befruchtung bedürfen.

Ich selbst habe fertige Wintereier niemals gesehen, wohl aber in zwei Fällen die Beobachtung gemacht, dass nicht nur von ein und demselben Weibchen beiderlei Eier zu verschiedenen Zeiten hervorgebracht, **sondern dass sie sogar gleichzeitig in ein und demselben Ovarium gebildet werden können.** Ich fand nämlich in beiden Ovarien eines im November gefischten Weibchens neben zwei grossen ovalen Eikammern mit den bekannten vier Zellen der Sommereier eine beinah kreisrunde kleinere Kammer von ganz verschiedenem Bau (Fig. 25, III). Während Erstere nämlich nur von der gewöhnlichen dünnen Haut des Eierstockes überzogen waren (*sch*), zeigten diese ausser einer feinen selbständigen Cuticula eine Wand von mächtigen sechseckigen Zellen (*Ep*), aus homogenem Protoplasma und einem kugligen Kern bestehend, dessen Membran deutlich und dessen Inhalt körnig getrübt war.

Innerhalb dieser zelligen Kapsel liess sich am lebenden Thier nur homogenes durchsichtiges Protoplasma erkennen, in dem andern im September beobachteten Fall mit eingestreuten aber noch sparsamen Körnchen von genau dem Aussehen, welches die Dotterkörnchen bei ihrem ersten Auftreten in der Eizelle der Sommereier zeigen. Leider gingen beide Präparate zu Grunde, ehe ich Reagentien anwenden konnte, sonst würde es leicht sich haben entscheiden lassen, ob ein ob mehrere Kerne in dem Protoplasma eingebettet waren und damit zugleich, ob ein oder mehrere Zellen den Inhalt der Kapsel bildeten.

Es scheint mir nicht zweifelhaft, dass die beobachtete Bildung eine Kammer für die Entwickelung eines Wintereies war.

Allerdings würde dies mit den Angaben Müller's nur soweit stimmen, als derselbe den Wintereiern eine dicke Schale zuschreibt, zu deren Ausscheidung die Wände des Ovarium sich verdicken. »Ova hiberna parva Leptodorae hyalinae jam in ovariis testa pellucida, gelatinosa, **e parietibus crassis ovarii** (Fig. 16) secreta involvuntur«. Die angezogene Abbildung aber zeigt dann zwei Eikammern, die sich nicht durch die Form, noch durch den Inhalt (die vier Eizellen), sondern nur durch etwas dickere Wände von einer Sommereikammer unterscheiden. Meine Beobachtung schliesst aber jedenfalls die Anwesenheit von vier Eizellen **in der Anordnung**, wie sie bei den Sommereiern vorkommt, entschieden aus.

Weitere Beobachtungen müssen diesen scheinbaren Widerspruch lösen. Ohnehin bleibt vorläufig noch Manches an den Fortpflanzungsvorgängen dunkel, so vor Allem die Art und Weise der Befruchtung der Eier; die Entstehung der Kammern für die Wintereier u. s. w.

Ich hoffe, später über diese Puncte Einiges nachtragen zu können, zu deren Entscheidung mir jetzt das Material fehlt. Hier möchte ich nur zwei Puncte noch berühren, nämlich einmal den ersten Ursprung der Eizellen und dann den Ausleitungsapparat und -Mechanismus.

Was die erste Frage angeht, so wurde oben schon kurz gesagt, dass die Eizellen sich in der Spitze des Ovarium's aus freien Kernen entwickeln. So stellt es auch Müller dar, doch lässt seine Abbildung (Fig. 3) nicht erkennen, ob er den Heerd dieser Neubildung beim erwachsenen Thier gesehen hat, wenn er allerdings auch ausdrücklich von einem »residuum acervi primitivi vesicularum, e quo suboles iterum fiet, et qui proxime orificium ovarii jacet« (pag. 345) spricht.

An allen in den Sommermonaten erhaltenen Weibchen fällt an der umgeschlagenen Spitze des Eierstocks eine kleine ovale oder rundliche mit stark lichtbrechenden Körnchen erfüllte Platte auf (Fig. 23 B, bl). Sie ist kaum viel grösser als der Kern einer der vier Zellen der Sommereier, macht aber ganz den Eindruck eines besondern Organs, so dass ich zuerst an ein Receptaculum seminis dachte. Am lebenden Thier kann man bei Anwendung starker Vergrösserung leicht beobachten, dass sie ihre Gestalt langsam ändert, bald oval oder kreisrund, bald aber unregelmässig gestaltet ist mit buchtigen Rändern (Fig. 24 A, bl). Eine besondere Umhüllungsmembran ist nicht vorhanden und der scharfe, dunkle Grenzcontour rührt vielmehr davon her, dass die homogene Protoplama-Masse, aus welcher die Platte besteht, ziemlich stark das Licht bricht. In dieser Grundsubstanz liegen nun zahlreiche rundliche oder auch spindelförmige Körperchen, ebenfalls homogen und stark lichtbrechend (k), welche sich erst bei Zusatz von Essigsäure als zarte Bläschen erkennen lassen, in denen ausser einigen feinen Körnchen noch ein weiteres Bläschen liegt. Erstere halte ich für freie im Protoplasma eingebettete Kerne, Letzteres für den Nucleolus derselben; die Reaction auf Essigsäure lässt darüber keinen Zweifel (Fig. 24 B).

Dass diese in der umgeschlagenen Spitze des Ovarium's liegende Protoplasma-Scheibe als ein vermehrter Rest des von Müller beschriebenen primären Protoplasma's mit Kernen sei, aus welchen im Embryo sich die Eizellen entwickeln, liegt nahe zu vermuthen. Der Gegensatz zwischen dieser Blastemscheibe und den umgebenden Eizellen schwindet auch sofort, sobald man Essigsäure zusetzt und dadurch dem Protoplasma die starke Lichtbrechung nimmt. Man kann dann die Umrisse der Scheibe nicht mehr erkennen, die freien Kerne liegen unmittelbar neben den in Zellen eingeschlossenen, so dass der Annahme Nichts im Wege steht, dass von hier aus ein regelmässiger Nachschub von Eizellen stattfindet, nach Massgabe des Verbrauchs. Der Process scheint aber nicht ins Unbegrenzte fort zu gehen; erstens sah ich nie Theilungserscheinungen an den freien Kernen und dann vermisste ich die ganze Blastemscheibe an allen Individuen, welche ich in später Jahreszeit (Mitte November) erbeutete; nur Zellen fanden sich in der Spitze des Eierstocks, die Blastemschicht war vermuthlich bereits verbraucht worden.

Was nun den zweiten noch zu besprechenden Punct betrifft: den Ausleitungsapparat und -Mechanismus, so lässt sich leicht erkennen, dass der Oviduct sich an die Spitze des Ovarium's anheftet, ganz in der Nachbarschaft der kernhaltigen Blastemplatte. Die vierzelligen Kammern, welche sich von hier aus bilden, rücken immer weiter vom Oviduct weg nach Massgabe ihrer Weiterentwickelung, so dass also die zum Austritt fertigen Eier am weitesten vom Oviduct wegliegen, an dem dem Ansatze des Oviductes entgegengesetzten, sackartig geschlossenen Ende des Ovarium's.

MÜLLER spricht sich auch darüber kurz aus. Er sah die (schalenlosen) Eier an der Spitze des Ovarium's (dem eigentlichen blinden Ende) gleich einem flüssigen Brei vorüberfliessen. In der That quetschen sich die austretenden Eier zwischen den übrigen Eikammern und der Hülle des Eierstockes durch und gelangen so in den eigentlichen Oviduct, der übrigens ungemein erweiterungsfähig ist, so unscheinbar und fadenförmig er auch für gewöhnlich sich ausnimmt.

Auf diese Weise erklärt sich also, was mir lange Zeit ein Räthsel war, wie nämlich die fertigen Eier aus dem blinden Ende des Ovarium's in den Oviduct gelangen können, ohne den ganzen übrigen noch unentwickelten Theil des Eierstockes vor sich her zu treiben und mit zu reissen. Die Einrichtung hat übrigens sicherlich etwas unvollkommenes an sich, und ich habe auch in der That mehrmals unter der Schale der Leptodora reife Eier gefunden, an welchen eine noch ganz unreife Eikammer daranhing, offenbar mitgerissen durch den starken Druck, welcher zum Auspressen der Eier nöthig ist.

Der Mechanismus des Auspressens ist nicht uninteressant. Die Ovarien liegen, wie schon erwähnt wurde, zwischen Muskeln und Haut. Die von Segment zu Segment ziehenden am Bauch gelegenen Flexoren der Abdominal-Segmente sind es, welche durch ihre Zusammenziehung die Eierstöcke mit Gewalt gegen die Haut pressen. Im zweiten Segment spannt sich zwischen ihnen sogar noch ein feiner Chitin (?)-Faden (Fig. 23 *B*, *bei* II), der ein Ausweichen des Eierstockes nach oben verhindert. Ein Ausweichen nach hinten, nach vorne, oder nach den Seiten wird dadurch unmöglich, dass die Eierstöcke an der Ansatzstelle des Oviductes (Fig. 23 *fix*) fixirt sind, sie werden hier durch Chitinbänder (*ch*) und durch Verwachsung mit dem Fettkörper festgehalten und können somit einem Drucke, der von den benachbarten Muskeln auf sie ausgeübt wird nicht erheblich ausweichen, so veränderlich auch sonst die Lage ihres freien Endes ist.

Männliche Geschlechtsdrüsen.

Die Hoden besitzen eine ähnliche Lage, wie die Ovarien (Fig. 26) Sie beginnen im ersten Abdominalsegment, durchsetzen das zweite und münden etwas vor der Mitte des dritten Segmentes seitlich am Bauche mit zwei getrennten Oeffnungen aus (*S*). Es sind zwei längliche, unregelmässig böckerige Beutel, welche an der Seite des Körpers liegen und zwar — wie die Eierstöcke — eingeklemmt zwischen Körperwand und Muskeln. In der Mitte ihrer Länge stehen beide Hoden durch eine breite, gegen den Rücken aufsteigende Brücke zusammen. Die Ausführungsgänge sind kurz und ziemlich weit, Anhangsdrüsen keine vorhanden.

Ein ganz ähnlicher Mechanismus, wie bei den Eierstöcken, entleert die Hoden von ihrem Inhalt. In doppelter Richtung drücken die Muskeln des Körpers, wenn sie gleichzeitig sich zusammenziehen auf die Hoden und quetschen sie aus, einmal von innen nach aussen und dann von oben nach unten. Ersteres wird bewirkt durch den schräg nach oben laufenden Flexor des dritten Segmentes (*M*), der bei starker Contraction den Hoden nach aussen drängt, Letzteres wird theilweise durch denselben Muskel bewirkt, da die Hodenbrücke auf ihm gewissermassen reitet, wird in erhöhtem Maasse noch dadurch erreicht, dass die Extensoren des zweiten Segmentes (*M'*) gerade auf den Seitentheilen der Hoden liegen und unter einander durch einen Sehnenstrang (*M''*) verbunden sind. Die ausquetschende Wirkung dieser Muskeln wird dadurch unterstützt, dass am Hinterrand des Hodens ein schwacher Muskel sich vom Flexor des dritten Segmentes abzweigt und an den Hinterrand des Hodens ansetzt. Durch seine Contraction wird die Hodenkapsel nach hinten gezogen, also bei gleichzeitigem Druck auf die Hodenbrücke, der Inhalt derselben nach aussen in die Seitentheile hineingezogen. Manchmal sieht man diesen Musculus extensor testis (*et*) längere Zeit rythmisch zucken und bei jeder Zuckung folgt der Hoden nach hinten nach.

Die Hoden bestehen histologisch nur aus einer sehr zarten, häutigen Kapsel und den locker im Innern derselben angehäuften Samenzellen.

Die Kapsel ist durchsichtig und so dünn, dass man sie fast für structurlos halten möchte. In ziemlich weiten Abständen finden sich indessen helle Kerne in ihr eingebettet und zwar zwei bis drei beisammen, in jedem ein kleiner, sehr stark lichtbrechender Nucleolus.

Die Samenzellen erfüllen hauptsächlich die Seitentheile des Hodens, und dringen von dort auch in die Hodenbrücke ein. Man findet stets die verschiedensten Entwickelungsstadien beisammen und deshalb auch Zellen von sehr verschiedener Grösse. Alle aber sind kuglig, sehr blass, enthalten homogene Zellsubstanz und einen, meist aber viele klare Kerne.

Die genauere Entwickelung der Samenelemente in ihnen zu verfolgen, habe ich leider versäumt. Dass sie sich durch endogene Zellbildung vermehren, glaube ich bestimmt versichern zu können und ebenso, dass die Spermatozoiden nicht — wie dies von Müller für Bythotrephes angegeben wird — grosse, ovale Zellen mit Kern sind, sondern lange Fäden, welche ich in den verschiedensten Spiralwindungen im Innern der Hodenzellen eines erwachsenen Männchens habe liegen sehen.

X. Vorkommen, Lebensverhältnisse, phylogenetische Beziehungen.

Obgleich erst von wenigen Forschern gesehen, scheint Leptodora hyalina doch ein sehr weites Verbreitungsgebiet zu besitzen und da, wo sie vorkommt, auch in Menge zu leben. Zwar kann sie, als vom Raube lebend, niemals in solchen Massen auftreten, wie die Thiere, von welchen sie sich ernährt, hauptsächlich also Cyclopiden, doch führt sie schon P. E. Müller als »häufig« an und ich selbst habe zwar manches Mal vergeblich nach ihr gefischt, dafür aber auch unter günstigeren Verhältnissen über 100 Individuen in Zeit von 1—2 Stunden erhalten. Ich fischte sie stets dicht unter der Oberfläche mit dem feinen Netz und halte die Ansicht von Müller, nach welcher sie überhaupt niemals in grosse Tiefen hinabsteigen soll für richtig und zwar deshalb, weil ihre geringe Ruderkraft eine so weite Reise als schwer ausführbar erscheinen lässt und jedenfalls nicht täglich hin und her zurückgelegt werden könnte. Dies müsste aber der Fall sein, wenn die Thiere, sobald sie von der Oberfläche verschwinden in grosse Tiefen hinabstiegen, denn ich fand, dass sie während des Tages nur ausnahmsweise an der Oberfläche bleiben, Nachts hingegen immer dort anzutreffen sind. Stärkeres Licht meiden sie offenbar und bei hellem Sonnenschein kann man sicher sein, kein einziges Individuum an der Oberfläche zu finden.

Auch bei Vollmond hatte ich regelmässig nur eine schlechte Beute, die beste bei trübem Wetter gegen Abend oder in dunkeln Nächten.

Uebrigens könnte diese Lichtscheu auch nur scheinbar sein, insofern die Cyclopiden, von denen die Leptodora lebt ganz dieselben Eigenthümlichkeiten im Auf- und Niedersteigen zeigen, und es also denkbar wäre, dass diese empfindlich gegen Licht wären und die Leptodora ihnen nur nachzöge. Dass Cyclopiden sehr stark durch Licht beeinflusst werden, lässt sich im Aquarium leicht feststellen, indem sich die Thierchen stets da sammeln, wo das Licht einfällt oder wo sich ein starker Lichtreflex bildet. Directes Sonnenlicht und zu starkes diffuses Licht scheinen sie zu meiden.

Bei Leptodora habe ich ein so auffallendes Suchen des Lichtes nicht beobachtet, ebensowenig das Gegentheil.

P. E. MÜLLER hat bereits die Cladoceren nach ihrem Aufenthalt in zwei Gruppen getheilt: pelagische und Uferformen; Leptodora gehört zu der ersten Gruppe, sie ist ihrem ganzen Körperbau nach auf das Schwimmen in reinem, von Pflanzen freiem Wasser angewiesen und demgemäss findet sie sich nicht in der Nähe des Ufers, sondern — wenigstens im Bodensee — erst dort, wo der See tiefer wird. Sie rudert nur mit den Antennen und zwar ruckweise, wie alle Daphniden, auch bringt sie sich nur langsam vom Fleck, und ihre grosse Durchsichtigkeit und deshalb fast vollständige Unsichtbarkeit mag für sie wohl Existenzbedingung sein, da sie zur Jagd auf Beute viel zu schwerfällig ist. Sie lauert auf ihre Beute und hat in dieser Hinsicht viel Aehnlichkeit mit der durch ihre Durchsichtigkeit berühmten Larve von Corethra plumicornis, welche jedoch im Puncte der Unsichtbarkeit von ihr bei weitem übertroffen wird.

Gerade wie die Corethra-Larve, so liegt auch die Leptodora horizontal ausgestreckt ruhig im Wasser und harrt, bis ihr die Beute zwischen die aufgesperrten Fangbeine geräth. Während bei Corethra besondere hydrostatische Apparate, die grossen Tracheenblasen, dem Körper die horizontale Lage sichern, ist bei Leptodora der Magendarm so weit nach hinten gerückt, dass er dem schweren Thorax und Kopf das Gleichgewicht hält.

Wie sehr das Thier nur auf das Schwimmen angewiesen ist, sieht man am besten an gefangenen Individuen. Sobald Algen oder Schmutztheile im Wasser sind, hängen sie sich an die Ruderarme der Leptodoren, die dann oft eine ganze Schleppe nach sich ziehen und dadurch im Schwimmen sehr gehindert werden. Trotzdem aber versuchen sie nie sich der Füsse zum Laufen oder Klettern zu bedienen und nur im äussersten Nothfall, wenn sie irgendwo festhängen, suchen sie sich mit dem

Abdomen vorwärts zu helfen, indem sie die Spitze desselben bis unter den Kopf schieben, dort festhaken und dann gerade strecken.

Nur in ganz reinem Wasser dauern die Thierchen aus, deshalb gelingt es auch nicht, dieselben länger als 14 Tage in Aquarien zu halten und auch während dieser Zeit pflegen sie zur Untersuchung unbrauchbar zu werden, weil Massen von Vorticellen sich an sie setzen und ihre Durchsichtigkeit zerstören. Nicht selten auch werden sie von einem Pilz[1] befallen, der durch die Haut nach innen wuchert und allmälig den Tod herbeiführt.

Ausser im Genfer- und Bodensee wurde Leptodora beobachtet in schwedischen und dänischen Seeen, in einem See bei Kasan und im Bremer Stadtgraben, einem mehrere hundert Fuss breiten, ziemlich tiefen und um die ganze Altstadt herumziehenden klaren Wasser. Im Züricher See fand ich sie nicht[2], habe indessen auch nur im untern Theile desselben danach gesucht. Ebenso vergeblich war meine Nachforschung in zahlreichen Sümpfen und kleinen Seeen der Umgebung des Bodensee's sowie im Titisee des Schwarzwalds.

P. E. Müller beobachtete Leptodora im Juli und November im Genfer- und Bodensee, scheint aber nur in letzterem Monat Männchen gefunden zu haben. Meine Beobachtungen reichen von Ende August bis zum 19. Nov. und zwar fanden sich während dieser ganzen Zeit beide Geschlechter vor, die Männchen in geringerer Zahl etwa im Verhältniss von 1 : 20.

Merkwürdiger Weise kam mir nun unter den hunderten von Weibchen, welche durchgemustert wurden kein einziges vor mit ausgebildeten Wintereiern im Eierstock und nur zwei, bei denen eine Eikammer offenbar auf die Bildung eines Wintereies zu beziehen war. Müller nimmt an, dass hier, wie bei den übrigen Daphnoiden die Sommereier sich parthenogenetisch entwickeln und mag damit vielleicht Recht haben; die Verhältnisse bei Daphnia sprechen ja sehr für diese Auffassung. Doch bedürfte es wohl noch eines speciellen Nachweises, da die Anwesenheit von Männchen mit ausgebildeten Samenelementen während mehrerer Monate, in denen nur oder doch bei weitem überwiegend Sommereier producirt werden, ziemlich unverständlich erscheint.

Durch P. E. Müller wissen wir, dass der Embryo schon in der ersten Anlage die Körpergestalt und die Gliedmassen des ausgebildeten Thieres aufweist, mit andern Worten, dass die Entwickelung eine directe, nicht mit Metamorphose verbundene ist.

---

[1] Nach P. E. Müller ist es eine Saprolegnia; Müller fand übrigens diese Pilzerkrankung nur im Norden (Dänemark) und zwar sehr häufig, sie kommt indessen auch im Bodensee vor.

[2] Bezüglich ihres Vorkommens im Lago maggiore siehe den Nachtrag.

Ich gestehe, dass mich diese Thatsache, als ich sie aus MÜLLER's Schrift kennen lernte, sehr überraschte, da ich erwartet hatte, es werde bei Leptodora ein Theil ihrer Phylogenese in ihrer Ontogenese noch enthalten sein, ja als ich die geheime Hoffnung gehegt hatte, es werde bei dieser abnormen Daphniden-Form vielleicht sogar noch die Urform aller Kruster: der Nauplius sich erhalten haben. In einer kurzen Mittheilung, welche ich auf der Wiesbadener Naturforscher-Versammlung über Leptodora machte, bezeichnete ich dieselbe als eine Ur-Daphnide und suchte zu begründen, dass wir hier eine der ältesten Daphniden-Formen vor uns haben. Ich stützte mich dabei vor Allem auf die Gliederung des Körpers und die Bildung der Schale. Beide stehen in antagonistischem Verhältnisse zu einander, je mehr der Körper sich verkürzt, um so eher kann er durch Einschluss in einer Schale Schutz finden, je mehr er aber an Länge abnimmt, um so mehr verwischt sich auch seine Segmentirung, wie die Grenzmarke zwischen den verschiedenen Segmentgruppen. So finden wir bei Bythotrephes ein Postabdomen aus einem, und ein Abdomen aus einem Segment bestehend deutlich von einander abgegrenzt, während bei Polyphemus nur noch das eingliedrige Postabdomen sich scharf abhebt, das Abdomen aber mit den Thoracalsegmenten verschmolzen ist. Bei ersterer Gattung ist die Schale napf- oder sackförmig und schützt den Körper nur von oben her, bei letzterer aber umgreift sie schon die Seiten des Thoraco-Abdomen bis über die Basis der Fusspaare hinab. Bei den mit vollständiger, zweiklappiger Schale versehenen Lynceiden und Daphniden finden wir die Gliederung des Körpers noch weiter reducirt, denn auch die Grenze zwischen Kopf und Thorax, welche noch bei Polyphemus ganz scharf ist, verwischt sich bei vielen Daphniden, bei welchen zugleich das Postabdomen gänzlich schwindet, während es bei den Lynceiden zwar erhalten bleibt, ja sogar am Abdomen articulirt, dafür aber die Länge des übrigen Rumpfes sich bedeutend verkürzt. Bei den Ostracoden, welche, meiner Ansicht nach, keineswegs so weit von den Daphniden entfernt stehen, als gewöhnlich angenommen wird, ist dann die Reduction des Rumpfes und Nivellirung der Segmentirung auf dem Höhepunct angelangt und bei ihnen erreicht zugleich die zweiklappige Schale die mächtigste Entwickelung.

Offenbar ist die phyletische Entwickelung von dem gegliederten Körper ausgegangen, und Daphniden und Ostracoden stellen zwei Endpuncte der Entwickelung dar, Leptodora aber mit ihrem scharf in Kopf, Brust und Bauch eingetheiltem Körper, ihrem viergliedrigen Abdomen und ihrer flachen, napfförmigen Schale einen Ausgangspunct.

Damit stimmt noch manches Andere. So die Zahl und vor Allem der Bau der Gliodmassen.

In dem Maasse, als der Leib kürzer wird nimmt die Zahl der Beinpaare ab, deren bei Leptodora sechs, bei Bytotrephes und Polyphemus nur vier sind. Allerdings treten dann bei Daphnia wieder fünf und bei Sida gar sechs auf, doch findet vielleicht dieser scheinbare Widerspruch seine Lösung darin, dass in den Familien der Daphnidae und Lynceidae durch die volle Ausbildung der Schale das Bedürfniss des Wasserwechsels innerhalb derselben zunimmt.

Damit würde auch der Bau der Füsse übereinstimmen, insofern bei allen in Schalen eingeschlossenen Cladoceren sogenannte Kiemenplatten den Beinen ansitzen, zu denen noch die weichhäutigen Kiemensäckchen hinzukommen können. Ob die Letzteren eine directe respiratorische Bedeutung haben, will ich dahingestellt lassen, Erstere aber bewirken offenbar nur als schwingende Platten den Wasserwechsel innerhalb der Schale. Desbalb mangeln sie auch bei Leptodora noch vollständig, treten zuerst als kleine, unbeborstete Plättchen an den drei vordern Beinpaaren bei Bythotrephes auf, werden bei Polyphemus mit gefiederten Ruderborsten versehen und erreichen ihre volle Entwickelung erst bei Lynceiden und Daphniden. Die marine Polyphemiden-Form Podon bildet nur scheinbar eine Ausnahme, denn nur scheinbar befindet sich ihre Schale auf höherer Entwickelungsstufe, als bei Bythotrephes, in Wirklichkeit reicht sie auch hier nicht über die Basis der Füsse nach abwärts; die Theile des Thieres sind nur gewissermassen verdreht und der nach hinten gerichtete Stachel der Schale bezeichnet in Wahrheit die höchste Höhe des Rückens.

Nach alle dem darf wohl der obige Satz, dass Leptodora die älteste, d. h. den Stammformen ähnlichste Daphniden-Gattung sei, als ziemlich sicher betrachtet werden und die Erwartung bei ihr eine minder abgekürzte Ontogenese zu finden wird gerechtfertigt erscheinen, die gegentheilige Beobachtung Müller's aber überraschend.

Um so interessanter ist es, wenn wir jetzt durch Sars[1] erfahren, dass die Wintereier der Leptodora eine ungegliederte, mit nur drei Gliedmassenpaaren versehene Larve hervorbringen, welche statt des zusammengesetzten Auges nur ein einfaches Stirnauge besitzt, dass also die Frühjahrsgeneration sich aus dem Nauplius entwickelt. Wie bei den Ostracoden erinnert indessen auch diese Nauplius-Form schon einigermassen an die definitive Form der Art: die vordern Antennen sind hier schon blosse, eingliedrige Stummel, die hintern hier schon von enormer Grösse und Stärke, als hauptsächlichstes Locomotionsorgan

[1] Forhandlinger i Videnskabs-Selskabet i Christiania 1873, pag. 1.

des Thierchens, während das dritte Gliedmassenpaar, die späteren Mandibeln Beinform besitzen, an ihrer Basis aber schon jetzt den Kaufortsatz aufweisen.

Sehr interessant ist auch, dass bei dieser Frühlingsgeneration das Nauplius-Auge mit in das ausgewachsene Thier hinübergenommen wird, wo es als kleiner schwarzer Fleck der untern Fläche des Gehirnes aufsitzt.

Nur durch den Besitz dieses Larven-Auges unterscheidet sich das geschlechtsreife Weibchen der Frühjahrsgeneration von den folgenden Generationen und man kann somit im Hinblick auf die verschiedene Ontogenese und dieses minutiöse Merkmal von einem Generationswechsel bei Leptodora reden, der aber nicht zusammenfällt mit geschlechtlicher und ungeschlechtlicher Fortpflanzung. Ammenzeugung kommt hier nicht vor, sondern nur echte Parthenogenese und zwar bei der Winter- und wahrscheinlich einigen Sommergenerationen. Da beide Arten von Eiern nicht nur — wie Müller schon nachwies — von ein und demselben Weibchen hervorgebracht werden können, sondern wie oben gezeigt wurde auch in ein und demselben Ovarium gleichzeitig neben einander liegen, so müsste in der Beschaffenheit des Eies selbst die Ursache liegen, weshalb nach stattgefundener Begattung das eine Mal Befruchtung eintritt, das andere Mal nicht, oder aber die Begattung findet erst statt, nachdem die letzten Sommereier ausgestossen sind und alle nachfolgenden Eier gestalten sich zu Wintereiern, eine Annahme, gegen welche das in Fig. 25 abgebildete Ovarium spricht, da hier hinter der Kammer für das Winterei (III) noch 3 andere folgen, die augenscheinlich Sommereier produciren. Jedenfalls sind es dieselben Weibchen, welche zuerst Sommereier dann Wintereier hervorbringen.

Nachtrag. Ende April dieses Jahres fischte ich die Leptodora hyalina auch im Lago maggiore. Sie überschreitet also nach Süden die Alpen und wird sich wohl in allen oberitalienischen Seeen vorfinden.

Alle im Lago maggiore gefischten Thiere waren Weibchen, alle noch sehr jung und alle besassen ausser dem in der Entwickelung begriffenen zusammengesetzten Auge an der Unterseite des Hirns das kleine Larvenauge. Naupliuslarven fand ich keine mehr, wohl aber eine Larve, bei welcher das Abdomen noch kurz und die Beinpaare eben erst hervorgesprosst waren.

Ich kann somit die Entdeckung von Sars bestätigen, dass die Frühjahrsbrut eine Metamorphose durchläuft und zugleich hinzufügen, dass hier, wie bei den übrigen bekannten Daphniden, diese Brut **keine Männchen enthält**.

Die Bildung der Schale anlangend wurde ich durch diese jungen Exemplare in meiner früheren Ansicht bestärkt, nach welcher dieselbe als breite, sattelartig vom Rücken nach den Seiten übergreifende Hautduplicatur **vom hintern Theil** des Thorax entspringt, nicht wie Müller will, vom **Vorderrand** desselben, was übrigens schon deshalb nicht möglich wäre, weil das Herz bis an die obere Thoraxwand hinaufreicht und dieses Organ nicht wohl innerhalb einer Hautduplicatur liegen kann.

Sehr schön lässt sich an so jungen Thieren die Entstehung der Stützfasern beobachten, welche die beiden Lamellen der Schale auseinanderhalten. In der Spitze der Duplicatur geht die Hypodermis der beiden Lamellen in einander über, gleich dahinter aber wird sie, wie durch einen Zug, der von zwei Seiten her auf sie wirkt, auseinandergezogen, schnürt sich aber nicht vollständig von einander ab, sondern die Zellen beider Seiten bleiben durch Fäden verbunden, die in dem Maasse länger und dünner werden, als die Entfernung der Lamellen von einander zunimmt.

Eine Chitinisirung der Fäden war noch nicht vorhanden, diese scheint erst einzutreten, wenn die Schale ihrer definitiven Grösse nahe ist.

Von der Niere füge ich noch bei, dass die Hauptabschnitte derselben alle bereits vorhanden waren, dass jedoch der Theil, welcher beim erwachsenen Thier der bei weitem grösste ist, nämlich der mittlere gerade Abschnitt des Drüsenschlauchs, hier relativ sehr klein ist und an Volum kaum den aufgewundenen Theil des Drüsenschlauchs übertrifft. Der gerade Theil reicht nur bis in die Mitte der Thoraxlänge nach vorn, endet rasch und fein zugespitzt und setzt sich in den äusserst blassen und dünnen Ausführungsgang fort. Diese Verschiebung der Grössenverhältnisse der einzelnen Drüsenabschnitte beim jungen Thier ist insofern interessant, als sie die Vermuthung bestätigt, dass die phyletische Entwickelung der Drüse von einer Form ausgegangen ist, ähnlich der, wie wir sie bei andern Daphniden finden.

Erklärung der Abbildungen: Taf. XXXIII—XXXVIII.

Tafel XXXIII.

Fig. 1 *A*. Vergr. etwa 20fach. Ausgewachsenes Weibchen, lebend gezeichnet. Rückenansicht.

Ksch, Kopfschild.
Ksch', hinterer Rand desselben.
K, Hinterrand des Kopfes.
Th, Thorax, von dessen Hinterrand die Schale, *Sch*, entspringt, in welcher drei Eier.
Abd, I, II, III und IV, die vier Abdominalsegmente.
Ad¹, Riechantennen,
Ad², Ruderantennen.
Lbr, Basis der Oberlippe aus der Tiefe durchschimmernd.
md, Mandibeln (ebenso).
I, II, III — V, die fünf vordern Beinpaare.
Aum, Augenmuskeln.
os, oberes Schlundganglion, vor ihm das Ganglion opticum.
C¹ und *C²*, Schlundcommissuren.
M, M¹ Muskeln der Ruderantennen.
M', Muskeln.
F, Fettkörperlappen des Kopfes von der Kante gesehen.
H, Herz.
Ba, Bulbus arteriosus.
N, Niere.
No, Nieren-Ohren,
peR, peronterales Rohr,
peR', hinterer Zipfel desselben.
Oe, Oesophagus.
Md, Magendarm.
R, Rectum mit seinen Dilatatoren.
ov, ov' Ovarien.

Fig. 1 *B*. Hartnack. 4. IV. Kopf eines ausgewachsenen Weibchens (etwas ungewöhnliche, individuelle Kopfform); Profilansicht. Bezeichnung wie vorher.

Gh, Gehörbläschen (?).

Fig. 2. Mittelgrosses, geschlechtsreifes Männchen, die Abdominal-Segmente (I—IV) nach Einwirkung von Essigsäure.

    Th, Thorax.
    Sch, Schalenrudiment, durch den Druck des Deckgläschens aus der reinen Profillage verschoben.
    SchM, Schalenmuskel.
    F, Fettkörper.
    M, Muskeln.
    F', hinteres Ende der Fettkörperlappen, durch feine Fäden am Darm und an der Körperwand befestigt.
    Md, Magendarm.
    Mr, Dilatatoren des Rectum.
    R, Rectum.
    Ch, Ch', Ch'', Chitingerten des Endoskeletes.

Tafel XXXIV.

Fig. 3. Vergr. etwa 18fach. Ausgewachsenes Weibchen, Seitenansicht, Bezeichnung wie bei Fig. 1. Durch die Basis der drei vordern Beine sieht man Ober- und Unterlippe durchschimmern. Die Schale durch den Druck des Deckgläschens aus der Profillage etwas verschoben, der Hinterleib abwärts geschlagen, während er bei ruhigem Schwimmen horizontal getragen wird.
    sb, Schwanzborsten.

Fig. 4. Junges Männchen, Spitze des Kopfes von oben.
    Au, Auge.
    M, Augenmuskeln.
    go, Ganglion opticum.
    os, oberes Schlundganglion, in welchem das glockenförmige Organ im Centrum und dahinter der Ganglienkranz sichtbar, von welchem die Nervenfasern in den Commissurstrang *C* ausgehen.
    no, nervus oculomotorius.
    ns, nervus sensualis.
    At¹, Riechantennen, welche noch klein sind.
    rf, Riechfäden.

Fig. 5. Hartnack 2. VII. Nervensystem eines ganz jungen, 2 Mm. langen Männchens.
    C, linker Commissurstrang.
    usg, unteres Schlundganglion.
    nat², Nerv der Ruderantennen.
    Bm, Bauchmark mit den zu den sechs Beinpaaren laufenden sechs Nervenstämmchen, von deren letztem der Thoracalnerv *nth* nach hinten sich abzweigt.
    ls, ligamenta suspensoria des Bauchmarks.
    Ph, Pharynx.
    sps, Speichelzellen.
    Oe, Oesophagus.

Fig. 6. Hartnack 3. VIII. Sogenannte »Schwanzborste« eines mittelgrossen Thieres; nach einem Osmium-Präparat gezeichnet.
    hyp, Hypodermis des Segmentes.
    hyp', Fortsatz der Hypodermis in die Tastborste.
    gz, Ganglienzellen.

Fig. 7. Hartnack 8. X. Immersion. Weibchen, Osmiumpräparat. Ein Riechfaden R/.
   n, Nervenfaden.
   chk, Chitinkapsel unter der Haut h gelegen.
   Hyp, Hypodermis.
   B, gewöhnliche Borste.
   Kn, Chitinknöpfchen oder -Ring auf der Spitze.
   ax, körnig geronnene Achsenmasse.
   Sch, Scheide des Riechfadens.
Fig. 8. Hartnack 8. X. Immersion. Krystallkegel K mit Sehstab S_1.
   pgr, Pigmentgrenze.
   Osmium-Präparat, das Pigment durch Kali zerstört.
Fig. 9. Hartnack 9. VII. Junges Männchen. Spitze des Kopfes nach Behandlung mit Osmiumsäure. Das Auge ist im optischen Querschnitt gezeichnet, man sieht die Krystallkegel bis zu ihrer Einsenkung in das Pigment.
   Auk, Augenkapsel.
   Bh, bindegewebige äussere Hülle des Auges durch das Reagens vom Auge abgehoben.
   Hyp, Hypodermis von dem Chitinskelet Ch abgelöst.
   At^1, vordere Antennen, noch sehr klein, mit nach hinten umgebogener Spitze, im Innern der Riechnerv ns, dessen Nervenfasern theils durch zwei Lagen Ganglienzellen zu den Riechfaden R/ hinziehen, theils aber zu einer gegen die Antennenspitze hinziehenden Hypodermisanschwellung Hyp' verlaufen, aus welcher im Laufe des weitern Wachsthums die Ganglienzellen der übrigen, noch zu bildenden Riechfaden sich sondern. Auch in den Antennen hat sich der Hypodermisschlauch durch Einwirkung der Osmiumsäure von der Chitinhaut zurückgezogen.
   Kgo, Kern des Ganglion opticum.
   gz, Ganglienzellen im vordern Theil des Gehirns.
   Gl, glockenförmiges Organ im Innern des Gehirns.
   C, Commissur.

Tafel XXXV.

Fig. 10. Hartnack. Junges Männchen. Kopf von der Seite.
   Ks, Kopfschild.
   Au, Auge.
   go, Ganglion opticum.
   Osg, oberes Schlundganglion.
   C, Commissurstrang der rechten Seite.
   C', seine Verbreiterung an der Stelle, wo er über den Heber der Oberlippe — Hs — hinläuft.
   Usg, unteres Schlundganglion, zum grössten Theil verdeckt durch den scheibenförmigen Basaltheil der Mandibel md, innerhalb dessen man die Ansatzflächen zweier Kaumuskeln (M^3) sieht.
   M^1 und M^2 Aufrichter der Mandibularspitze.

Die Mandibel ist zum Theil überdeckt vom Rande der Oberlippe lbr, welche in Gemeinschaft mit der Unterlippe lb, den Mundeingang, Vestibulum (V) bildet, in dessen Tiefe der Mund liegt, hier überdeckt von der Mandibel. Dagegen sieht man den Pharynx mit seinem Zellenbeleg und einem Theil seiner Dilatatoren (*dph*).

Oe, Oesophagus.

lph, die beiden Levatores pharyngis durch feine Fäden am Kopfskelet befestigt.

M⁴, Muskeln der Ruderantennen.

Fig. 11. Hartnack 2. IV. Niere eines ausgewachsenen Weibchens.

mO, medianes Ohr,

lO, laterales Ohr der Drüse, beide in dem Binnenraum der Schale gelegen.

grD, gerader Theil des Drüsenschlauchs im Thorax gelegen.

A, Ausführungsgang.

Oe, äussere Oeffnung, im Kopf gelegen.

B', *B''*, *B'''*, Secretionsblasen.

Fig. 12. Hartnack 2. VII. Niere eines erwachsenen Männchens, ohne Reagentien; Bezeichnung wie bei Fig. 11.

Vg, Verbindungsgang zwischen medianem und lateralem Drüsenohr.

1, 2, 3, die drei Schenkel des im medianen Ohr aufgewundenen Drüsenschlauchs; der feinere histologische Bau ist hier der Deutlichkeit halber weggelassen.

Bl, Blindsackende des Schenkels 3.

z, Wandungszellen des lateralen Ohrs.

Am geraden Theil der Drüse (*grD*) erkennt man die unregelmässig polygonalen Zellen der Wand mit ihren Kernen und feinen kreisrunden Figuren, der in der Verkürzung gesehenen R ö h r c h e n der Nierenzellen.

Fig. 13. Hartnack 2. VII. Aeussere Oeffnung der Niere.

Hl, *Hl'*, Hautleisten, welche die Oeffnung umgeben.

Hl'', Hautleiste, an welcher sich einige der feinen Bindegewebsfäden (*Bf*) anheften, durch welche der Mündungstrichter fixirt wird.

W, Wand des Ausführungsganges.

W', Stelle, an welcher er sich verdickt.

Ck, Carminkörnchen, welche aus dem Carminwasser, in dem das Thier gewesen war, sich hier angelagert hatten, ohne aber in das Lumen der Drüse einzudringen.

Fig. 14. Magendarm eines grossen Weibchens in Verdauung begriffen.

A Hartnack 2. IV. Bei *A* haben sich die Fetttropfen des Chymus (*Ch*) der Darmwand (*Wd*) dicht angelagert, sind aber noch nicht in sie eingedrungen; bei *B* beginnen sie einzudringen, wie man besonders auf der Fläche des Darms sieht; gegen *C* hin dringen sie immer zahlreicher und tiefer ein, werden immer grösser und der optische Querschnitt der Darmwand (*Wd'*) wird scheinbar immer schmäler, bis bei *C* gar Nichts mehr von demselben zu sehen ist.

F, Fetttropfen.

B Hartnack 2. VII. Ein Stückchen der Darmwand im optischen Querschnitt; es wurde eine Stelle gewählt, an welcher der Uebergang vom ersten Stadium der Aufsaugung bis zur Bildung grosser Fetttropfen in den Darmzellen auf kleinem Raum neben einander zu sehen war.

Tafel XXXVI.

Fig. 15. Hartnack 4. IV. Junges Männchen. Herz und Nieren in Rückenansicht.
    rN und lN, rechte und linke Niere.
    Schr, Schalenrand.
    lO, mO, laterales und medianes Ohr der Niere.
    gD, gerader Theil der Drüse.
Die rechte Niere ist im optischen Querschnitt, die linke in Oberflächenansicht gezeichnet.
    Vg, Verbindungsgang zwischen den Ohren.
    z, z', Wandungszellen.
    k, ihre Kerne.
    L, Lumen des Nierenschlauchs an der Umbiegungsstelle von Schenkel 1 in Schenkel 2; die feine Querstreifung der Wandung deutet auf die Röhrchenstructur der Zellen.
    H, Herz.
    dc, Dilatatores cordis.
    Oa, Ostium arteriosum.
    Ba, Bulbus arteriosus.

Fig. 16. Hartnack. 3. X. Immersion.
    A Wand der Niere eines lebenden Weibchens im optischen Querschnitt.
    a, äussere,
    i, innere Fläche der Wandung.
    H, äussere Hüllmembran.
    V, V', V'', Vacuolen verschiedenster Grösse, die kleinsten nicht zu unterscheiden von Körnchen K, K', K'', welche theils noch in dem Protoplasma (Pr) der zelligen Wandung, theils schon im Lumen der Drüse liegen. Die Zellgrenzen, wie die Röhrchen der Zellen, sind nicht sichtbar.
    B. Drei Röhrchen einer Nierenzelle in Schrägansicht gezeichnet beim lebenden Thier.
    a, äussere Nierenwand.
    a' äusseres,
    i, inneres, nicht deutlich gesehenes Ende der Röhrchen.

Fig. 17. Hartnack 4. IV. Lebendes Weibchen, hinteres Körperende.
    ch, Chitinhaut.
    Md, Magendarm, vorn im optischen Querschnitt gesehen, hinten in Oberflächenansicht.
    z, Zellen.
    i, Intima.
    l, Längsmuskeln im Profil als dünne Membran erscheinend.
    r, Ringmuskeln im Profil.
Bei l' sind die Längsmuskeln abgebrochen gezeichnet, von da bis r' die Ringmuskeln weggelassen. Bei Md' eine Einstülpung des Magendarms in sich selbst, wie sie an dieser Stelle öfters vorübergehend vorkommt.
    R, Rectum.
    dr, Dilatatoren desselben.
    Rz, Rectalzellen.

a, After.

Schg, Schwanzgabel, innerhalb deren die Hypodermis *(Hyp')* eine Einstülpung bildet, die erste Vorbereitung zur Häutung.

Fk, Fettkörper.

uR, dessen unterer Rand.

Sft, dessen gebogene Seitenflächen, das perenterale Rohr bildend.

Fsp, hintere Fettkörperspitze durch Fäden *(f, f')* am Darm und an der Haut befestigt. Die rundlichen Figuren im Fettkörper sind nicht seine Kerne, sondern Fetttropfen, die Kerne sind am lebenden Thier nicht sichtbar.

Tafel XXXVII.

Fig. 18. Hartnack 4. IV. Herz von links im Profil gesehen.

 o Th, obere Thorax-Wand.

 BSch, Basis der Schale.

 K, hinteres Ende des Kopfes.

 ch, ch', äusseres,

 ch'', ch''', ch'''', inneres Chitinskelet.

 H, Herz,

 dc, seine Dilatatoren.

 Ba, Bulbus arteriosus.

 Oa, Ostium arteriosum.

 Ov, Ostium venosum der linken Seite geöffnet; die Constrictoren des Herzens *(cc)* sind nur auf der linken Herzseite gezeichnet.

 Kl, Klappe zum Verschluss der arteriellen Oeffnung.

 f, Faden, durch den die Spitze der Klappe fixirt und vor dem Umklappen geschützt wird.

 Mkl, Muskeln der Klappe.

Fig. 19. Hartnack 2. VII. Venöses Ostium des Herzens in der Lage wie in Fig. 18.

 A. Volle Diastole.

 ov, Ostium venosum.

 li, innere,

 le, äussere Lippen desselben, beide aus Schliessmuskeln gebildet.

 cc, constrictores cordis.

 tc, glashelle Membran zwischen den Muskelreifen, in Natur völlig unsichtbar.

 B. Dasselbe Ostium bei halber Systole, die inneren Lippen *(li)* sind geschlossen, die äussern *(le)* stehen noch auseinander.

Fig. 20. Hartnack 4. IV. Die beiden venösen Ostia von oben gesehen, das Herz im optischen Querschnitt bei Einstellung auf die venösen Klappen gezeichnet.

 hn, Herzwand.

 kln, Klappenwand aus glasheller Membran bestehend.

 uli, unterer und oberer Rand des Ostium, den mit *li* bezeichneten i n n e r n Lippen der vorigen Figur entsprechend; die Pfeile deuten die Richtung des einströmenden Blutes an.

Fig. 21. Hartnack 3. VIII. Blutkörperchen in natürlicher Lage im Binnenraum der Schale, auf deren innere Fläche der Focus eingestellt ist. Osmiumpräparat.

 blk, Blutkörperchen.

k, Kern mit Kernkörperchen.

ch, aus Chitin bestehende Stützfasern der Schale im optischen Querschnitt gesehen.

Fig. 22. Hartnack 2. VII. Fettkörper beim lebenden Thier.

    A. Stück des Fettkörpers während der Verdauung, die Zellen polygonal oder rundlich.

    k, Kern.

    f, Fettropfen.

    B. Unmittelbar nach der Verdauung gezeichnet; aus dem Thorax, eine dreieckige Lücke zwischen den Muskeln ausfüllend.

Zellen (*fz*) nicht dicht gedrängt liegend, rundlich und durch zarte, membranöse, maschige Intercellularsubstanz (*m*) verbunden.

    z, feine Zipfel derselben, durch die Anheftung an den Muskel stattfindet.

Im Innern der Zellen sind die Kerne nicht sichtbar, auch kein Fettropfen, dagegen viele, rundliche bis bisquitförmige Körper (*alb*), wahrscheinlich albuminöser Natur.

    C. Aus dem Fettkörperlappen des vierten Abdominalsegmentes.

Das Fett umfliesst in netzförmig zusammenhängenden Strömen die Zellen (*z*), deren Kerne (*k*) erst nach Zusatz von Essigsäure sichtbar wurden und dann in das nach dem lebenden Thier entworfene Bild eingetragen wurden.

Tafel XXXVIII.

Fig. 23. Hartnack 2. IV. Ovarien.

    A. Rechter Eierstock eines halbwüchsigen Weibchens.

Zwei Eikammern (*eik*) enthalten die vier Zellen, von denen die spätere Eizelle (*eiz*) die ersten Dotterelemente in Gestalt feiner Körnchen aufweist, während diese bei den drei andern (Abortivzellen *abz*) fehlen.

    ov, Theil des Ovariums, in welchem die Zellen beginnen, sich in Reihen zu ordnen.

    ov' blindes Ende des Ovariums, zugleich die Stelle, von welcher der Oviduct *od* ausgeht.

    B. Eierstöcke eines älteren Weibchens in situ Rückenansicht.

    I, II, III, die drei ersten Abdominalsegmente.

    L, linker,

    R, rechter Eierstock.

    od, Oviduct.

Rechts sind zwei Eier in der Ausbildung begriffen, links nur eines; an allen dreien übertrifft die Eizelle die drei Abortivzellen (*abz*) an Grösse bedeutend. Dotter in der Eizelle entwickelt, an der Peripherie desselben eine homogene Protoplasmaschicht.

    bl, Blastemscheibe mit freien Kernen, das eigentliche blinde Ende des Eierstocks, an der Stelle gelegen, an welcher dieser an dem perenteralen Rohr (Muskeln + Fettkörper) fixirt ist (*fx*).

    ch, ch', Chitinfäden zur Befestigung der Muskeln (*m*), welche bei *m* plattenförmig sich verbreitern und dort durch einen solchen Faden zusammengehalten werden.

    od, Oviduct.

    od' dessen Mündung.

Fig. 24. Hartnack 2. VIII. Eierstockspitze eines jungen Weibchens, nach dem lebenden Thier gezeichnet.

bl, Blastemscheibe mit freien, im lebenden Thier stark lichtbrechenden Kernen (*k*).

Alle ausserhalb dieser Protoplasma-Scheibe liegenden Kerne gehören Zellen an; der Deutlichkeit halber wurden die Zellgrenzen, wie sie nach Essigsäurezusatz hervortreten mit angegeben; bei *Eis* haben sich die Eizellen bereits reihenweise geordnet, bei *Eik* bilden sie bereits eine Eikammer.

abz, Abortivzellen,

eiz, Eizelle.

Beide mit den gleichen Kernen, Kernkörperchen und Kern des Kernkörperchens. Die granulirte Beschaffenheit des Protoplasma stellt Essigsäure-Wirkung dar und müsste ganz ebenso bei allen andern Zellen angegeben sein.

B. Ein Stückchen der Blastemscheibe nach Einwirkung von Essigsäure.

k, freie Kerne.

n, Nucleolus.

pr, das körnig getrübte Protoplasma.

Fig. 25. Hartnack 2. VII. Eierstock eines am 17. Nov. gefangenen Weibchens.

Die zwei ältesten Eikammern (*I* und *II*) zeigen die gewöhnliche dünne Scheide *sch* der Sommereier, in welcher in weiten Abständen platte Kerne liegen (*k*); die vier Eizellen in ihrem Innern zeigen noch keine Verschiedenheit. An der Spitze der Kammer *I* die räthselhaften gelben Zellen (*gZ*). Eikammer *III* bildet ein Wintereiaus.

Ep, die Epithelzellen der Wand, in der Flächenansicht daneben (*Ep'*) dargestellt.

Im Innern der Kammer nur homogenes Protoplasma sichtbar mit feinen Dotterkörnchen. Kammer *IV*, *V* und *VI* zeigen wieder die vier Zellen der Sommereier.

Bl, blindes Ende des Eierstocks, ungeordnete Zellen enthaltend, deren Zellgrenzen am lebenden Thier nicht zu erkennen sind.

Od, Oviduct.

Fig. 26. Hoden eines nur 2 Mm. langen Männchens in situ. Rückenansicht.

I, *II*, *III*, die drei vordern Abdominalsegmente.

T, *T*, die beiden Hoden, durch eine Brücke in der Mittellinie miteinander verbunden.

de, *de*, die beiden Ausführungsgänge.

S, ihre äussere Oeffnung.

Im Innern des Hodenschlauchs theils farblose Flüssigkeit, theils Samenbildungs-Zellen und Körnchen.

peR, *peR*, perenterales Rohr bei *F* aus Fettkörper, bei *M*, *M* aus Muskel bestehend, von der Kante gesehen.

M', *M'* Muskeln, welche den Hoden von oben her comprimiren,

M'' der sie in der Mittellinie verbindende Faden.

ch, *ch'*, Chitinfäden zur Befestigung der Muskeln und des Hodens.

Oe, Oesophagus.

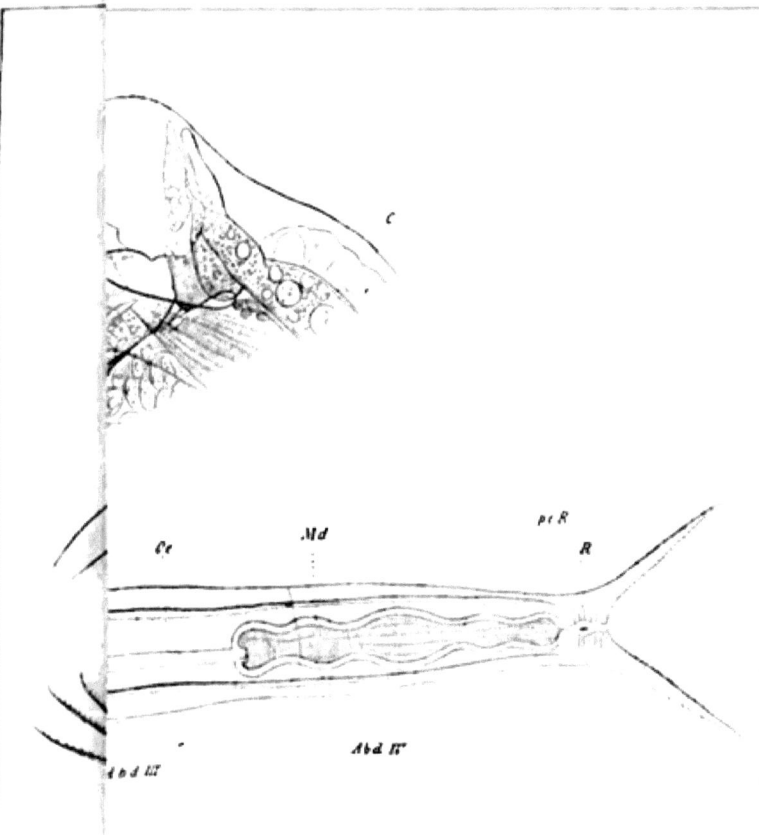

Fig. 1 A.

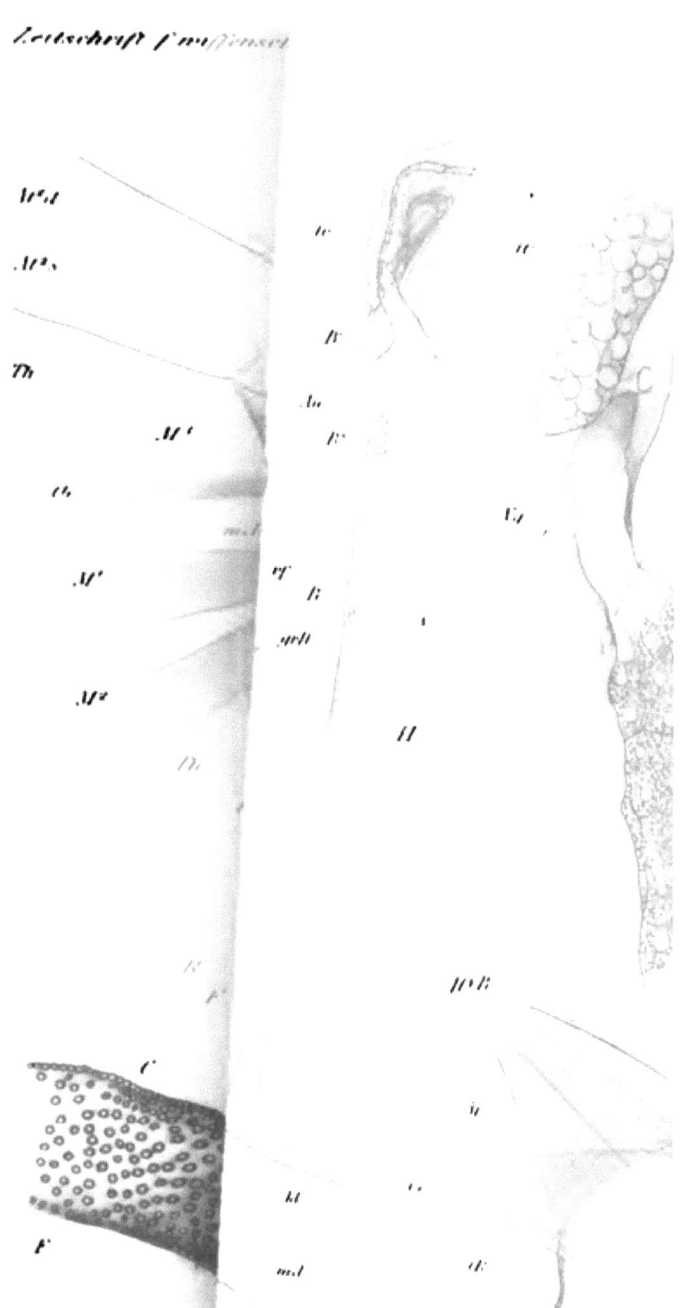

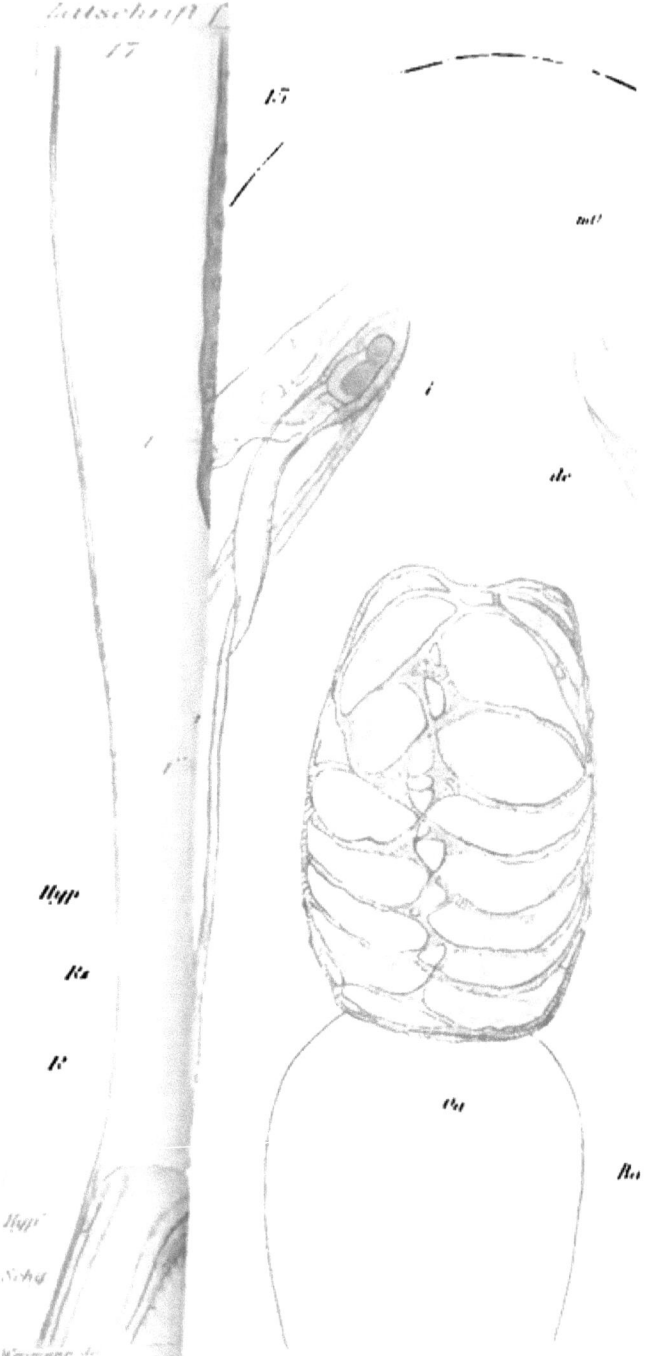

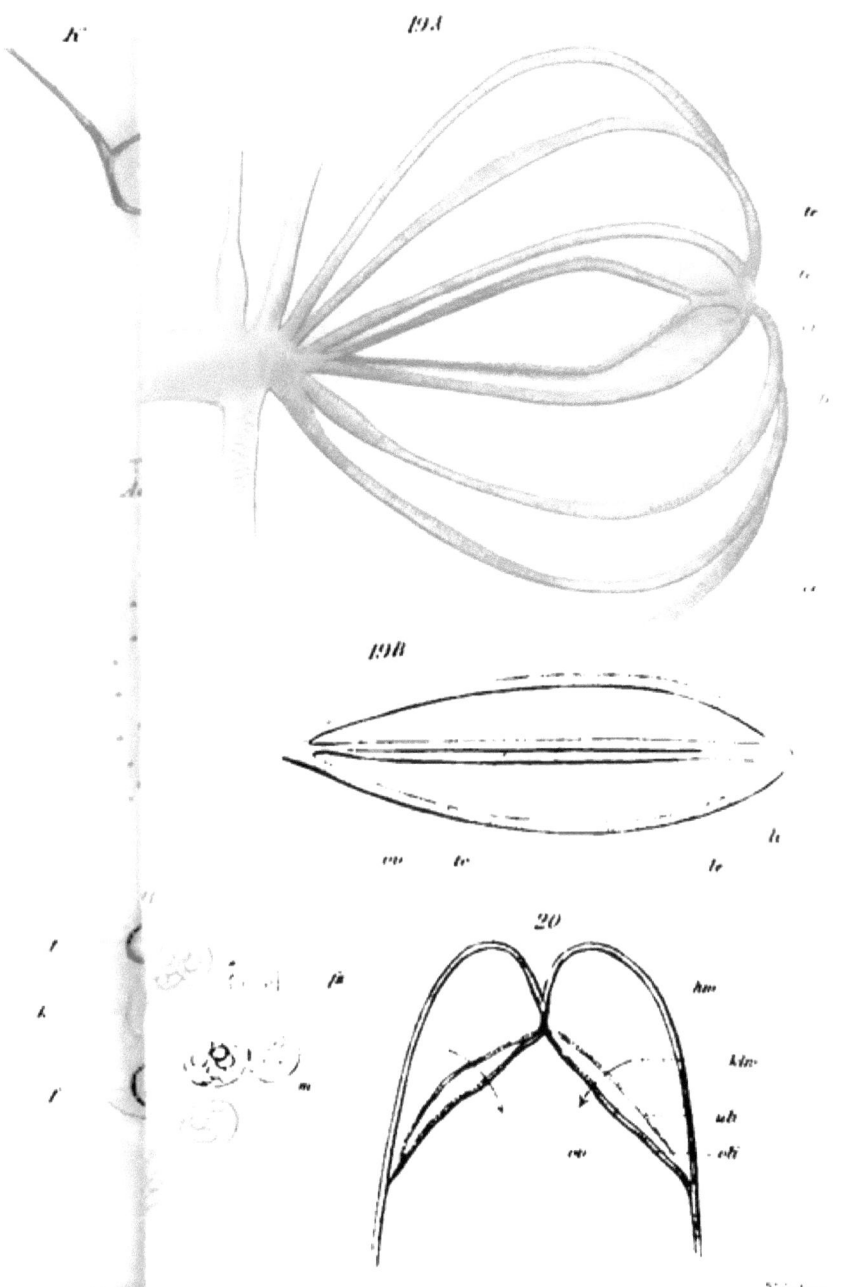

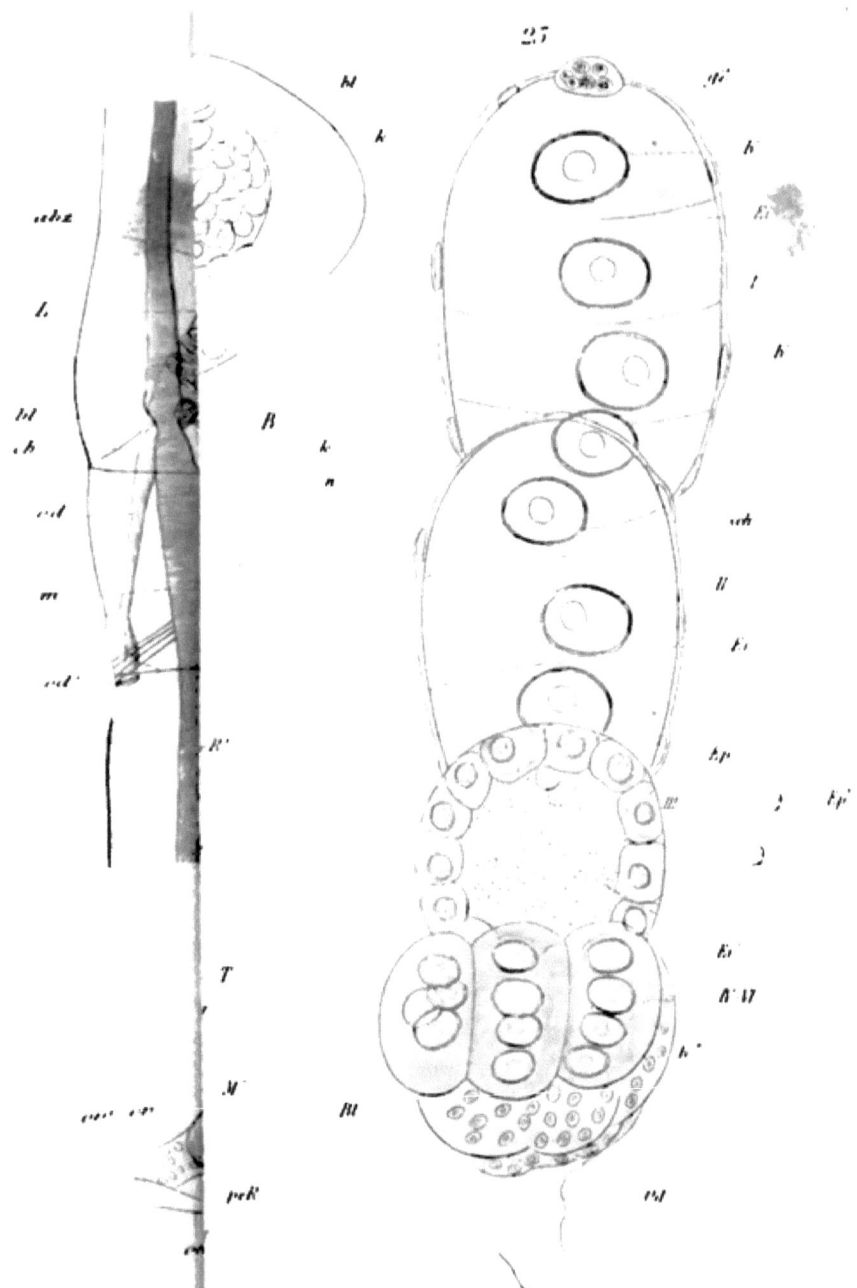